中國青銅器全集

3

中國美術分類全集

商 3

中國青銅器全集編輯委員會 編

《中國青銅器全集》編輯委員會

凡例

一　《中國青銅器全集》共十六卷，主要按時代分地區編排，力求全面展示中國青銅器發展面貌。

二　《中國青銅器全集》編選標準：以考古發掘品爲主，酌收有代表性的傳世品；既要考慮器物本身的藝術價值，又要兼顧不同的器種和出土地區。

三　本書爲《中國青銅器全集》第三卷，選錄商代晚期殷墟青銅器精品。

四　本書與第二卷統一編排，主要內容分三部分：一爲專論，二爲圖版，三爲圖版説明。

目錄

圖版

一　獸面紋爵　商代晚期

二　獸面紋爵　商代晚期

三　婦好爵　商代晚期

五　子⬆母爵　商代晚期

四　婦好爵　商代晚

六　䍙爵　商代晚期

七　寢出爵　商代晚期

八　[illegible]爵　商代晚期

九　寢[illegible]爵　商代晚期

一一　子韋爵　商代晚期

一〇　日辛共爵　商代晚期

一二　獸面紋爵　商代晚期

一三　共爵　商代晚期

一四　由爵　商代晚期

一五　內址爵　商代晚期

一七　中爵　商代晚期

一六　寢魚爵　商代晚期

一八　子鉞爵　商代晚期

一九　父乙爵　商代晚期

二〇　亞其爵　商代晚期

二一　**戏**甲爵　商代晚期

二二　旅爵　商代晚期

二三　佀母爵　商代晚期

二五　子龍爵　商代晚期

二四　𠬪爵　商代晚期

二六　𪉩爵　商代晚期

二七　子韋爵　商代晚期

二八　單爵　商代晚期

二九　父乙爵　商代晚期

三〇　犬方爵　商代晚期

三一　亞址角　商代晚期

三三　宰椃角　商代晚期

三二　父癸角　商代晚期

三四　獸面紋角　商代晚期

三五　龍紋角形器　商代晚期

三六　獸面紋斝　商代晚期

三七　獸面紋斝　商代晚期

三八　獸面紋斝　商代晚期

三九　獸面紋斝　商代晚期

四〇、四一　司㚸母斝　商代晚期

四二　爰斝　商代晚期

四三　獸面紋斝　商代晚期

四四　獸面紋斝　商代晚期

四五　𤴓斝　商代晚期

四七　獸面紋斝　商代晚期

四六　亞矣斝　商代晚期

四八　子漁斝　商代晚期

四九　亞斝　商代晚期

五〇　父己斝　商代晚期

五一　獸面紋斝　商代晚期

五二　亞址斝　商代晚期

五三　小臣邑斝　商代晚期

五四　獸面紋斝
商代晚期

五五　婦好方斝
商代晚期

五六、五七　亞址方斝　商代晚期

五九　斝方斝　商代晚期

五八　獸面紋方斝　商代晚期

六〇——六二　婦好偶方彝　商代晚期

六四　右方彝　商代晚期

六三　婦好方彝　商代晚期

六五　獸面紋方彝　商代晚期

六六　爰方彝　商代晚期

六七　𡧊方彝　商代晚期

六八　獸面紋方彝　商代晚期

七〇　獸面紋瓿　商代晚期

六九　宁方彝　商代晚期

七一　百乳雷紋瓿　商代晚期

七二　勾連雷紋瓿　商代晚期

七四　勾連雷紋瓿　商代晚期

七三　婦好瓿　商代晚期

七五　百乳雷紋瓿　商代晚期

七六　獸面紋瓿　商代晚期

七七　獸面紋罍　商代晚期

七八　獸面紋罍　商代晚期

七九　弦紋罍　商代晚期

八〇　弦紋罍　商代晚期

八一、八二　亞址罍　商代晚期

八三　妥罍　商代晚期

八四　宁罍　商代晚期

八六　獸面紋方罍　商代晚期

八五　雷紋罍　商代晚期

八八　婦好壺　商代晚期

八七　獸面紋方罍　商代晚期

八九　先壺　商代晚期

九〇　𦰡壺　商代晚期

九一　勾連雷紋壺　商代晚期

九二　雷紋壺　商代晚期

九三、九四　司𡚬母方壶　商代晚期

九五　司㝳母尊　商代晚期

九六　獸面紋尊　商代晚期

九七　子漁尊　商代晚期

九八　獸面紋尊　商代晚期

一〇〇　亞址尊　商代晚期

九九　宁尊　商代晚期

一〇三　⿱罒豕尊　商代晚期

一〇〇　亞址尊　商代晚期

九九　宁尊　商代晚期

一〇一　亞共尊　商代晚期

一〇二　亞共尊　商代晚期

一〇三　𡖈尊　商代晚期

一〇四　獸面紋尊　商代晚期

一〇五　父己尊　商代晚期

一〇六　亞獏尊　商代晚期

一〇八　婦好方尊　商代晚期

一〇七　皿尊　商代晚期

一〇九　后㚸母癸方尊　商代晚期

一一〇　亞址方尊　商代晚期

一一一、一一二　亞址方尊　商代晚期

一一四　獸面紋卣　商代晚期

一一三　婦好鴞尊　商代晚期

一一五　獸面紋卣　商代晚期

一一六　獸面紋卣　商代晚期

一一七　北單卣　商代晚期

一一八　獸面紋卣　商代晚期

一一九　册告卣　商代晚期

一二〇、一二一　亞址卣　商代晚期

一二二　伇燕卣　商代晚期

一二三　亞盥卣　商代晚期

一二四　鳥紋卣　商代晚期

一二六　鳥紋卣　商代晚期

一二五　雷紋卣　商代晚期

一二七　二祀𠨘其卣　商代晚期

一二八　六祀𠨘其卣　商代晚期

一二九、一三〇　四祀𠨘其卣　商代晚期

一三一　鳶卣　商代晚期

一三二　獸面紋卣　商代晚期

一三三　獸面紋方卣　商代晚期

一三四　亞矣方卣　商代晚期

一三六　鴞卣　商代晚期

一三五　獸面紋方卣　商代晚期

一三七　鴞卣　商代晚期

一三八　**𢻫**卣　商代晚期

一三九、一四〇　婦好盉　商代晚期

一四一　中方盉　商代晚期

一四二　左方盉　商代晚期

一四四　盉　商代晚期

一四三　右方盉　商代晚期

一四五　龍紋盉　商代晚期

一四六　馬永盉　商代晚期

一四七、一四八　人面龍紋盉　商代晚期

一四九　司母辛觥　商代晚期

一五〇　獸面紋觥　商代晚期

一五一——一五三　婦好觥　商代晚期

一五四、一五五　兕觥　商代晚期

一五六　象首獸面紋觥　商代晚期

一五七　獸面紋觥　商代晚期

一五八、一五九　鴞紋觥　商代晚期

一六〇　獸面紋觥　商代晚期

一六一　弦紋爐　商代晚期

一六二　蛙魚紋斗　商代晚期

一六三　直棱紋斗　商代晚期

一六四　蟬紋斗　商代晚期
一六五　爻斗　商代晚期

一六六　龍紋斗　商代晚期

一六七　婦好盤　商代晚期

一六八、一六九　龍魚紋盤　商代晚期

一七〇、一七一　魚紋盤　商代晚期

一七二　鼓寢盤　商代晚期

一七三　亞址盤　商代晚期

一七四、一七五　蟠龍紋盤　商代晚期

一七六　蟠龍紋盤　商代晚期

一七七　旅盤　商代晚期

一七八　寢小室盂　商代晚期

一七九　四龍中柱盂　商代晚期

一八一　箕形器　商代晚期

一八〇　共罐　商代晚期

一八二　亞㐅𠃊媰編鐃　鼎　商代晚期

一八三　亞址編鐃　商代晚期

一八四　亞弜編鐃　商代晚期

一八五　中編鐃　商代晚期

一八六　鐃　商代晚期

一八七　錛　商代晚期

一八八　婦好鉞　商代晚期

一八九　婦好龍紋鉞　商代晚期

一九〇　獸面紋鉞　商代晚期

一九三　三角雲紋鉞　商代晚期

一九〇　獸面紋鉞　商代晚期

一九一　三角火紋鉞　商代晚期

一九二　獸面紋鉞　商代晚期

一九三　三角雲紋鉞　商代晚期

一九四　三角雲紋鉞　商代晚期

一九五　獸面紋鉞　商代晚期

一九六　矛　商代晚期

一九七　矛　商代晚期

一九八　鑲嵌蛇紋銅骹玉矛　商代晚期

二〇〇　三角援戈　商代晚期

一九九　刀　商代晚期

二〇一　直內戈　商代晚期

二〇二　直内戈　商代晚期

二〇三　鳥形曲內戈　商代晚期

二〇四　銎內戈　商代晚期

二〇五　鋬內戈　商代晚期

二〇六　鑲嵌龍紋銅柲玉戈　商代晚期

二〇七　馬頭弓形器　商代晚期

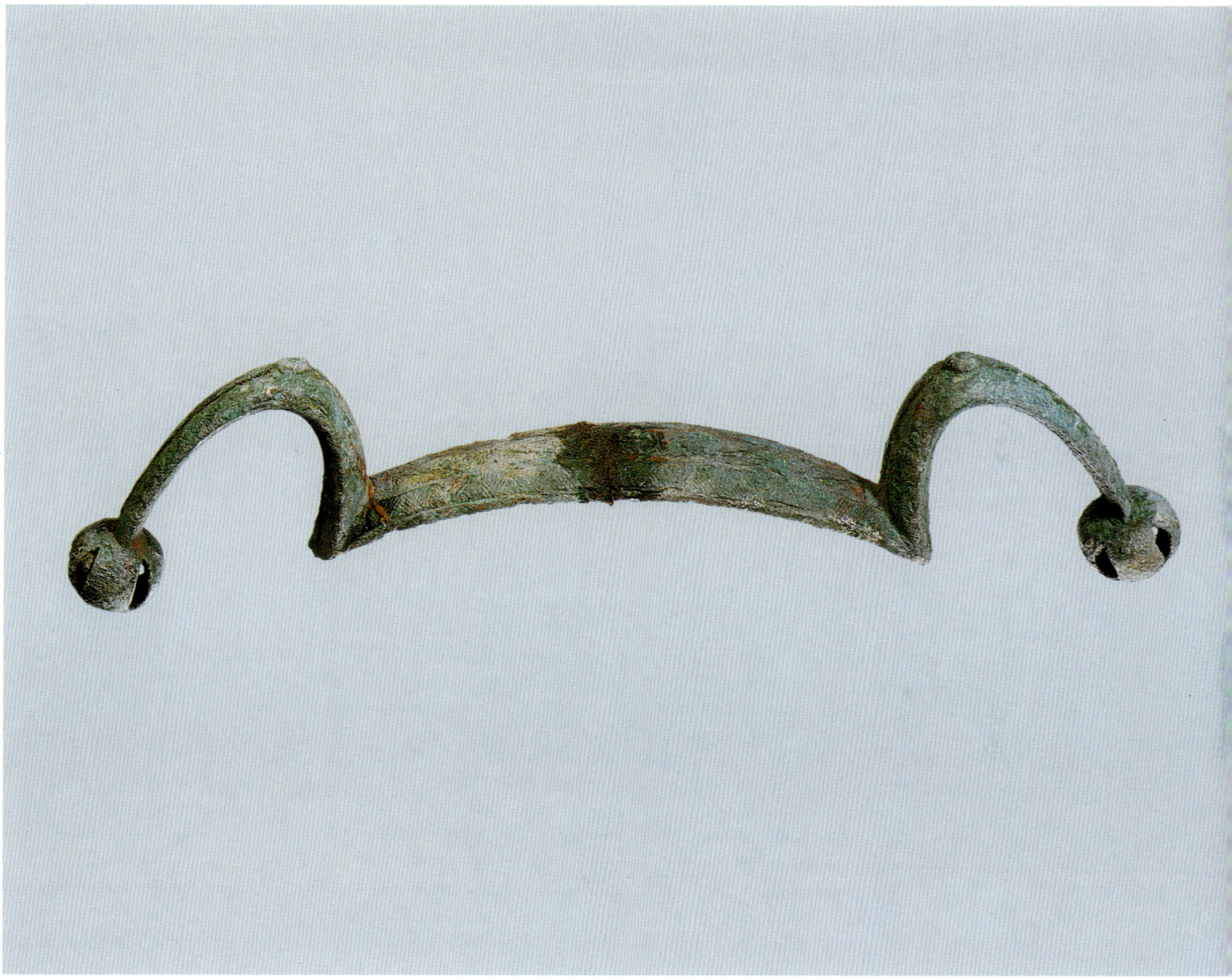

二〇八　蟬紋弓形器　商代晚期

二〇九　八角星紋弓形器　商代晚期

二一〇、二一一　雙虎弓形器　商代晚期

一二、二一三　人面獸紋弓形器　商代晚期

二一四　人面具　商代晚期

圖版說明

一　獸面紋爵

商代晚期

通高一三·九、口長一三、寬六·九厘米

一九三六年河南安陽小屯三八八號墓出土

台北中央研究院歷史語言研究所藏

前流後尾，流上單柱，菌頂，直腹圜底，一側有鋬，三棱刀形實足。腹部飾一周獸面紋。或以爲商代中期。

本圖由台北中央研究院歷史語言研究所供稿

二　獸面紋爵

商代晚期

通高一六·二、口長一五·五、寬八·三厘米

一九三六年河南安陽小屯三三三號墓出土

台北中央研究院歷史語言研究所藏

前流後尾，流上雙柱，菌頂，長腰折腹，平底，一側有鋬，三棱刀形實足。腹飾一周獸面紋。

本圖由台北中央研究院歷史語言研究所供稿

三　婦好爵

商代晚期
通高二六·四、口高二一·二厘米
一九七六年河南安陽小屯五號墓出土
中國社會科學院考古研究所藏

長流尖尾，傘形頂立柱，圓腹平底，獸頭半圓形鋬，三棱形錐尖實心足。腹部有扉棱三條，流、尾下也各有一條較高的扉棱，尾棱外露。柱頂飾圓形火紋，柱表飾三角形紋和一周雷紋，流兩側各飾二龍紋，龍作回首形，頭上有耳狀角；口下飾三角形蟬紋，流、尾下各飾長尾蟬紋，蟬的雙目位于扉棱兩側；頸飾長尾對龍紋兩組，每組兩龍，頭相對；腹部兩面飾以龍紋，每面兩龍，口向下，頭相對，短身，尾上卷，頭有鈍角。有鋬的一面龍的身尾較短。均以雷紋襯地。鋬下有銘文二字。

四　婦好爵

商代晚期
通高二六·三、口高二一·六厘米
一九七六年河南安陽小屯五號墓出土
中國社會科學院考古研究所藏

此爵與上件形制、紋飾及銘文基本相同，當係同一套的爵。

五　子⬆母爵

商代晚期
通高二四·七、通長二一厘米
一九七七年河南安陽小屯一八號墓出土
中國社會科學院考古研究所藏

窄長流，尖尾，方柱，傘形柱鈕，腹上部有凹槽一周，腹壁較直，平底，三棱形錐尖足。腹部有三條扉棱，腹部兩側的扉棱與流、尾之下的扉棱相對，腹部有鋬，鋬端飾牛頭。口沿下飾三角形雲雷紋，流、尾飾蕉葉形雲雷紋。腹部飾獸面紋，目字形眼，眸子突起，以扉棱作鼻梁，大嘴，體後部上翹，尾尖下卷，足下有爪。鈕頂飾圓形火紋，鈕表飾三角形雲雷紋。鋬下有銘文三字。

六　羊爵

商代晚期
通高一九、通長一七·五厘米
一九八〇年河南安陽大司空南五三九號墓出土
中國社會科學院考古研究所藏

長流，尖尾，卵形深腹，有鋬，口沿上兩立柱，柱頭呈菌形。柱頭飾火紋，腹飾以雲雷紋爲地紋的獸面紋。鋬內側腹壁有銘文一字。

七　寢出爵

商代晚期

通高一九・八、通長一七・五厘米

一九八〇年河南安陽大司空南五三九號墓出土

中國社會科學院考古研究所藏

長流，尖尾，深腹，圜底，口沿上兩立柱，柱頭呈菌形，三錐形足，器一側有鋬。柱頭飾火紋，流下飾蕉葉紋，頸飾三角紋，腹飾以雲雷紋爲地紋的獸面紋三對，以竪棱爲鼻。鋬內側腹壁有銘文二字。

八　□爵

商代晚期

通高一九・七、通長一六・五厘米

一九八三年河南安陽大司空南六六三號墓出土

中國社會科學院考古研究所藏

長流，尖尾，卵圓形底。口有雙立柱，菌形柱頭，上飾火紋。半圓形鋬，三錐形足。口、流、尾下均飾蕉葉紋。腹飾獸面紋，以三條扉棱爲鼻，雲雷紋爲地紋。鋬內腹壁有一銘文。

（徐廣德）

九　寢□爵

商代晚期

通高一七·六、流尾通長一八厘米

一九八六年河南安陽大司空南二九號墓出土

中國社會科學院考古研究所藏

長流，尖尾，束頸，腹微鼓，圜底，三錐形足，環形鋬。口流交接處有二立柱，菌形柱頭，上飾火紋。頸部飾三道凸弦紋。鋬內腹壁上有銘文二字。

（谷　飛）

一〇　日辛共爵

商代晚期

通高二二·八、通長二〇·二厘米

一九六九年河南安陽孝民屯南九〇七號墓出土

中國社會科學院考古研究所藏

長流，尖尾，口上有雙立柱，菌形柱頭，上飾火紋，深腹，圜底，三棱足，有鋬。流下飾蕉葉紋，頸部飾三角蟬紋，腹部飾以雲雷紋爲地紋的獸面紋，以扉棱爲鼻。鋬頂有牛頭飾。鋬內腹壁有銘文三字。

一一　子韋爵

商代晚期

通高二三、通長一八・五厘米

一九七九年河南安陽孝民屯南二五〇八號墓出土

中國社會科學院考古研究所藏

長流，尖尾，深腹，圜底，三錐形高足，有鋬。口上有雙立柱，傘形柱頭，上飾圓形火紋。流下飾蕉葉紋，口沿下飾三角紋，腹飾以雲雷紋爲地紋的獸面紋，以二扉棱爲鼻。鋬上有牛頭飾。鋬內腹壁上有銘文二字。

一二　獸面紋爵

商代晚期

通高一七・七、通長一四・五厘米

一九八五年河南安陽劉家莊南地一九號墓出土

河南省安陽市文物工作隊藏

長流，短尾，兩柱較高，敞口，直腹，卵形底，三棱實足外撇，獸頭鋬。流、尾下及頸部飾蕉葉紋一周。腹部扉棱三條，飾獸面紋。

（孟憲武）

一三　共爵

商代晚期

通高一八·八、通長一六厘米

一九七三年河南安陽孝民屯南一五二號墓出土

中國社會科學院考古研究所藏

長流，尖尾，深腹，圜底，有鋬。口沿上有雙立柱，菌形頂，上飾火紋。腹飾由粗線條雲雷紋組成的獸面紋。鋬內腹壁上有銘文二字。

一四　臼爵

商代晚期

通高二〇·五、通長一八厘米

一九七八年河南安陽孝民屯南一五七二號墓出土

中國社會科學院考古研究所藏

長流，尖尾，深腹，圜底，三錐形足，有鋬，鋬上飾牛頭。口上有雙立柱，菌形柱頭，上飾圓形火紋。腹飾獸面紋。鋬內腹壁上有銘文四字。

一五　冂址爵

商代晚期

通高二〇·八、通長一六·六厘米

一九五三年河南安陽大司空南三〇四號墓出土

中國歷史博物館藏

長流，尖尾，卵形底。口部有雙立柱，菌形柱頭。柱頭飾火紋。器一側有鋬。流及尾下飾蕉葉紋。腹部有扉棱，飾獸面紋，以雲雷紋爲地紋。鋬上有一獸頭。鋬內側腹壁有銘文二字。

一六　寢魚爵

商代晚期

通高二二·二、通長二〇厘米

一九八四年河南安陽孝民屯南一七一三號墓出土

中國社會科學院考古研究所藏

帶蓋爵。蓋前部爲一鹿頭，背上有鈕。爵身呈卵形，長流尖尾，流後部有二立柱，傘形柱頭，三錐形足，有鋬。頸部飾一周由龍紋組成的獸面紋，鋬上有一牛頭飾，足上有人字陰線紋。蓋內有銘文兩字，尾部有銘文二行。

一七　中爵

商代晚期

通高二一、通長一七厘米

一九七〇年河南安陽孝民屯南一〇八〇號墓出土

中國社會科學院考古研究所藏

長流，尖尾，深腹微鼓，圜底，有一鋬。口上有雙立柱，菌形柱頭，上飾火紋。三錐形足。腹飾以雲雷紋爲地紋的獸面紋。鋬上有一牛頭飾。鋬內腹壁上有銘文三字。

一八　子鉞爵

商代晚期

通高二〇·三、通長一五·四厘米

一九八五年河南安陽劉家莊北一號墓出土

河南省安陽市文物工作隊藏

寬流尖尾，兩菌狀頭柱較高，腹近直，卵形底，三棱實足外撇，帶狀鋬。腹飾雲雷紋襯地的獸面紋兩組。鋬內壁鑄銘文二字。

（孟憲武）

一九　父乙爵

商代晚期

通高一九・九、通長一五・八厘米

一九八五年河南安陽劉家莊北二號墓出土

河南省安陽市文物工作隊藏

流尾上翹，菌狀柱頭。直腹卵形底，三棱足較高，獸頭鋬。流、尾下及頸部飾蕉葉紋一周，腹有扉棱三條，飾雲雷紋襯地的獸面紋兩組，內壁鑄銘文三字。

（孟憲武）

二〇　亞其爵

商代晚期

通高二〇・一、通長一六・八厘米

上海博物館藏

菌形柱較高，腹兩側設棱脊，圜底，腹一側置獸首鋬，三棱形足外撇。流、尾及口下飾蕉葉紋，腹飾分解式獸面紋，以雷紋爲地紋，在突起的主紋上均刻有細雷紋，紋飾精細規整。鋬內鑄銘文二字。

（周　亞）

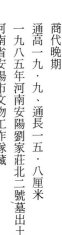

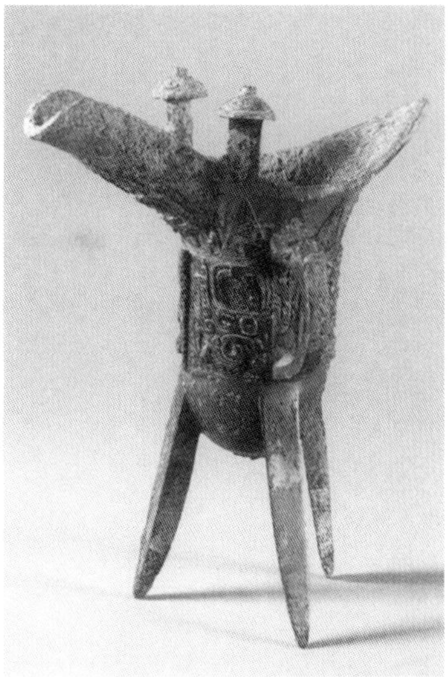

二一　攷甲爵

商代晚期

通高二一·二、流長一七·二厘米

上海博物館藏

流口較窄，菌形柱，腹兩側設棱脊，獸首鋬，三棱形足。腹部飾獸面紋。鋬內鑄銘文二字。

（周　亞）

二二　旅爵

商代晚期

通高一七·九、通長一五·八厘米

上海博物館藏

菌形柱，深腹圜底，鋬上無獸首。腹飾分解式獸面紋，以細雷紋爲地紋，與主紋形成對比，使主紋突出。鋬內有銘文一字。

（周　亞）

二三　侣母爵

商代晚期

通高一八・一、通長一六・一厘米

上海博物館藏

菌形柱，卵形腹，腹兩側有棱脊，獸首鋬，三棱形足。流、口飾蕉葉紋，腹飾獸面紋。鋬內有銘文二字。（周　亞）

二四　文爵

商代晚期

通高二〇・一、通長一八・二厘米

上海博物館藏

長流上揚，菌形柱較矮，獸首鋬，三足修長，器形雅緻。腹飾鳥獸合體的獸面紋，其特點是獸面紋的體軀上揚，形成鳥形。鋬內鑄銘文一字。（周　亞）

二五　子龍爵

商代晚期
通高一八、通長一五厘米
上海博物館藏

菌形柱，卵形腹，腹兩側置棱脊，三棱形足，腹一側有獸首鋬。腹部飾分解式獸面紋。鋬內鑄銘文二字。

（周　亞）

二六　𦥯爵

商代晚期
通高一七、通長一四·七厘米
上海博物館藏

流較淺，尾部近口處較寬，菌形柱。腹部略呈圓形。腹較深，三足稍短，腹側設一獸首鋬。流、口下飾蕉葉紋，腹飾分解式獸面紋，以細密的雷紋爲地紋。鋬內鑄銘文一字。

（周　亞）

二七　子韋爵

商代晚期
通高二〇·五厘米
傳河南安陽出土
美國波士頓美術博物館藏

前流後尾，口上一對菌頂柱，圓卵形腹，一側有獸首鋬，三尖錐狀足。腹有三條扉棱，口下飾三角紋，流下飾蕉葉紋，腹飾獸面紋。鋬內壁上有銘文二字。

本圖由美國波士頓美術博物館供稿

二八　單爵

商代晚期
通高一七·二厘米
傳一九四〇年河南安陽出土
美國波特蘭藝術博物館藏

前流後尾，流上一對立柱，菌頂，卵形腹，一側有鋬，三棱錐狀實足。腹飾獸面紋。鋬內器壁有銘文一字。

本圖由美國波特蘭藝術博物館供稿

二九　父乙爵

商代晚期

通高二三・五厘米

傳河南安陽出土

美國舊金山亞洲藝術博物館藏

前流後尾，口上一對菌頂柱，圓卵形腹，一側有牛首鋬，三尖錐狀足，有蓋，前端作牛首形，中腰有圓柱形蓋鈕。腹有三條扉棱，飾獸面紋、龍紋，三足外側有蕉葉紋。器、蓋對銘。

本圖由美國舊金山亞洲藝術博物館供稿

三〇　犬方爵

商代晚期

通高一七、通長一六・四厘米

一九九一年河南安陽高樓莊後岡九號墓出土

中國社會科學院考古研究所藏

方爵。長流，尖尾，方腹，平底，半圓形鋬，四足截面呈四棱形。口部與流交接處有二立柱，柱頭呈傘形。口、流、尾下有六條扉棱，流下飾雲雷紋，頸尾之下飾蕉葉紋，腹部飾夔龍紋。鋬內腹壁上有一銘文。陽文。

（徐廣德）

三一　亞址角

商代晚期

通高二一・六、通長一六・八厘米

一九九〇年河南安陽郭家莊西一六〇號墓出土

中國社會科學院考古研究所藏

口有兩翼，翼上翹，翼尾呈尖角形。深腹，卵形底，腹側有一鋬，三錐形足。頸部飾內填龍紋的三角紋，腹飾獸面紋，雲雷紋爲地紋。鋬底有一獸頭浮雕，鋬內腹壁上有銘文。

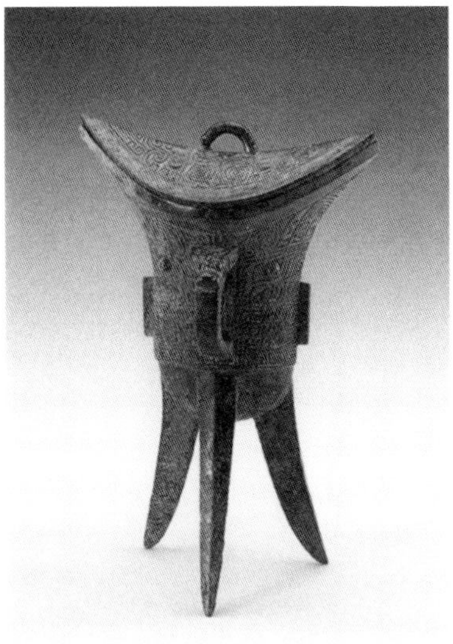

三二　父癸角

商代晚期

通高二二・五厘米

傳河南安陽出土

美國弗利爾美術館藏

器口弧曲，前後尖銳，圓卵形腹，一側有牛首鋬，三尖錐狀足，有蓋，半環形鈕。蓋面及器腹飾獸面紋和雲雷紋。器、蓋對銘。

本圖由美國弗利爾美術館供稿

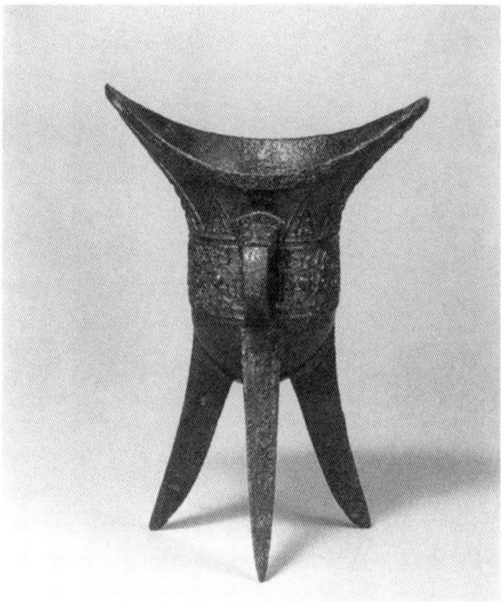

三三　宰椃角

商代晚期
通高二二·五厘米
傳河南安陽出土
日本泉屋博物館藏

凹弧形口，前後均作尖尾狀，圓卵形腹，一側有獸頭鋬，三尖錐狀足。口下一周三角形紋，腹飾獸面紋。器內有銘文五行，鋬內壁上有銘文二字。

本圖由日本泉屋博物館供稿

三四　獸面紋角

商代晚期
高一九厘米
傳河南安陽出土
英國牛津大學阿什莫利恩博物館藏

凹弧形口，前後均作尖尾，腹分襠，一側有獸頭鋬，三尖錐狀足。器身有兩條扉棱，口下飾三角形紋，腹飾三組獸面紋。

本圖由英國牛津大學阿什莫利恩博物館供稿

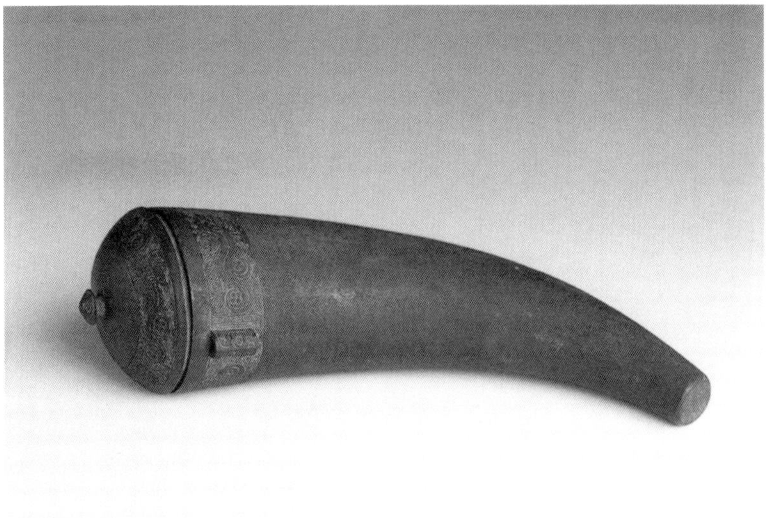

三五　龍紋角形器

商代晚期

通高三六、口徑八・三厘米

一九三五年河南安陽武官北地一〇二二號墓出土

台北中央研究院歷史語言研究所藏

器身上粗下細，略向一側彎曲，形似動物之角。口下一側有耳，器有蓋，菌鈕。蓋上及器口下各飾一周龍紋。本圖由台北中央研究院歷史語言研究所供稿

三六　獸面紋斝

商代晚期

通高二三・五、口徑一五・七至一六・八厘米

一九三六年河南安陽小屯二三二號墓出土

台北中央研究院歷史語言研究所藏

侈口，折腹，口上雙柱，菌頂，腹一側有鋬，三實足，橫剖面爲T形。腹飾兩周獸面紋。本圖由台北中央研究院歷史語言研究所供稿

三七　獸面紋斝

商代晚期

通高二七・八、口徑一三・七至一四・八厘米

一九三六年河南安陽小屯三八八號墓出土

台北中央研究院歷史語言研究所藏

侈口，折腹，口上雙柱，帽形頂，腹一側有鋬，三足爲三棱透底空足。腹上飾兩周獸面紋和聯珠紋。

本圖由台北中央研究院歷史語言研究所供稿

三八　獸面紋斝

商代晚期

通高三二・七、口徑二〇・二厘米

一九三六年河南安陽小屯一八八號墓出土

台北中央研究院歷史語言研究所藏

侈口，折腹，口上雙柱，菌頂，腹一側有鋬，三足爲三棱透底空足。腹上飾兩周獸面紋。

本圖由台北中央研究院歷史語言研究所供稿

三九　獸面紋斝

商代晚期

通高二八・二、口徑一七厘米

一九七七年河南安陽小屯一八號墓出土

中國社會科學院考古研究所藏

侈口，口上有對稱的短柱，菌狀柱鈕，頂飾圓形火紋。腹分上、下兩段，上段較直，下段略鼓，圜底外凸，足呈三棱錐尖狀，斷面呈T形，足尖外撇，放置平穩，兩足與柱相對，一足與鋬相對。腹部上、下兩段，各飾獸面紋三組。細窄鼻梁，目字形眼，眸子突起，大嘴，長身，尾上卷，身尾由雲雷紋構成。紋樣線條細匀清晰。

四〇、四一　司⿱免亏母斝

商代晚期

通高六五·七、口徑三〇·七厘米

一九七六年河南安陽小屯五號墓出土

中國社會科學院考古研究所藏

侈口，束頸，深腹，分上下兩段，底略外突，傘形鈕立柱，獸頭半圓形鋬，三棱形錐尖足，足內側有錐形淺槽。腹有扉棱五條，分兩段成一直線。口下飾雲紋三角形紋一周。腹上段飾獸面紋三組，獸口向下，以扉棱作鼻梁，兩側有短足和下卷的身尾；腹下段亦飾獸面紋，紋樣與上段雷同。均以雷紋爲地。三足外側均飾對龍蕉葉紋，龍口向下，身上豎，尾內卷。鈕頂飾圓形火紋，柱表飾小三角形紋、弦紋和一周雷紋。鋬面飾雲紋。口下內壁有銘文三字。

四二　爰斝

商代晚期

通高三四·七、口徑一九·九厘米

一九八四年河南安陽戚家莊東二六九號墓出土

河南省安陽市文物工作隊藏

傘形頂立柱，侈口，高頸折肩，腹近直，底近平，三棱錐足。獸頭鋬，獸嘴唇上翹，頭上雙角豎起。柱頂飾圓形火紋，柱表上端有凸弦紋兩周，下端有凹弦紋兩周及圓形火紋。頸飾對首龍紋三組，腹飾獸面紋兩組。鋬表飾蛇紋和雲雷紋。口沿內壁鑄銘文一字。

（孟憲武）

四三　獸面紋斝

商代晚期
通高四八·二、口徑二二·六厘米
上海博物館藏

雙柱高聳，上作傘形。侈口，器腹分段不甚明顯。足剖面呈T形。柱帽飾獸面紋與雷紋，腹部紋飾分上下兩段，各飾角形相异的獸面紋，但都以線條工整剛勁的雷紋組成。這件斝器形高大穩重，紋飾精美，爲商代青銅斝中之精品。

（周　亞）

四四　獸面紋斝

商代晚期
通高五〇、口徑二三·二厘米
上海博物館藏

雙柱特高，上口侈大，與外撇的三足相對應，器形優美。傘形柱帽飾獸面紋及雷紋，腹部上下兩段各飾獸面紋。此斝形制較爲罕見。

（周　亞）

四五　足斝

商代晚期
通高四四·七、口徑二〇·五厘米
傳一九五二年河南安陽出土
河南省新鄉市博物館藏

侈口，折腹，口上一對立柱，傘形頂，腹一側有鋬，三棱錐狀空足。口下飾三角紋，腹飾兩周獸面紋，三足飾蕉葉紋。器內底有銘文一字。

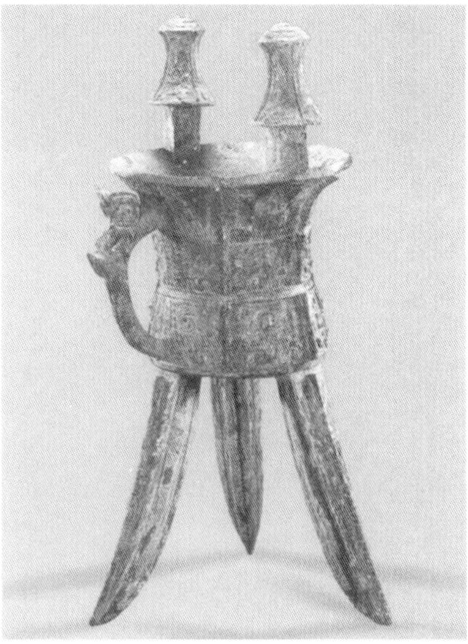

四六　亞矣斝

商代晚期
高七五·三厘米
傳河南安陽武官北地出土
美國舊金山亞洲藝術博物館藏

侈口，口沿上一對傘形柱，折腹，平底，腹一側有獸頭鋬，三尖錐狀足，自柱至足有扉棱貫通，口下一周三角形紋，腹部兩周獸面紋，三足外側飾蕉葉紋。器內底有銘文二字。

本圖由美國舊金山亞洲藝術博物館供稿

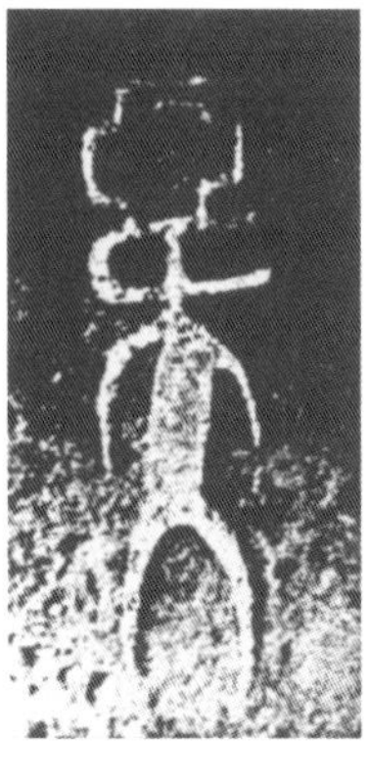

四七　獸面紋斝

商代晚期
通高二六·三、口徑一五·三厘米
一九五九年河南安陽武官北地一號墓出土
中國社會科學院考古研究所藏

侈口薄唇，雙柱呈傘形，束頸鼓腹，半圓形帶狀鋬，三棱形錐尖足，三足的兩內側各有一條錐形淺槽。頸、腹各有三條細棱，作獸面紋的鼻梁。口沿下飾小三角紋一周，頸飾三組狹長的獸面紋，腹有三組大型獸面紋，目字形眼，面部由雲雷紋構成。柱頂飾圓形火紋，柱表飾以弦紋、雲雷紋和三角形紋。

四八　子漁斝

商代晚期
通高二六・八、口徑二〇厘米
一九七七年河南安陽小屯一八號墓出土
中國社會科學院考古研究所藏

此斝無柱，有流口，較少見。侈口尖唇，短頸，腹下部外鼓，圜底。口部有半圓形豁口，幷有磨痕，似流口，大概是殘缺後經打磨而成，口沿下有半圓形鋬，鋬上端飾獸頭，方目卷角，嘴略上翹，三足作三棱錐尖狀，足尖外撇。口沿下飾三角雲雷紋一周，頸腹各有扉棱五條。頸飾獸面紋六組，橢圓形目，以扉棱作鼻梁，身分兩歧，下體較長，尾上卷，腹飾獸面紋三組，雙目與身尾紋樣淸晰。長身，尾上翹，尾尖下卷，尾下有一頭向下的龍紋。底內中部有銘文二字。

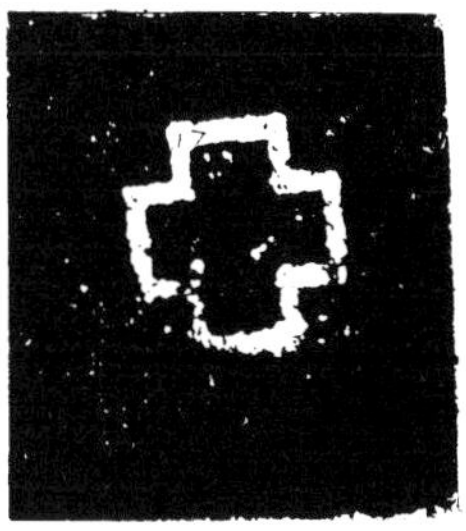

四九　亞斝

商代晚期
通高二九・三、口徑一六厘米
一九八〇年河南安陽大司空南五三九號墓出土
中國社會科學院考古研究所藏

有蓋。器身呈盆形，敞口，口沿有兩方立柱，圜底，三足外撇，其截面呈三棱形。蓋頂有一立獸形鈕，頂面飾以雲雷紋爲地紋的獸面紋。方立柱，帽呈傘形，上飾雲雷紋及三角雲雷紋。頸飾蕉葉紋，其下爲三對龍組成的獸面紋。下腹飾以雲雷紋爲地紋的獸面紋三對，以竪棱爲鼻。足飾蕉葉紋。腹底有一銘文。

五〇　父己斝

商代晚期

通高二〇·六、口徑一三·四厘米

一九七四年河南安陽孝民屯南一九八號墓出土

中國社會科學院考古研究所藏

侈口，鼓腹，圜底，三足外撇，足斷面呈T字形，有鋬。口上有雙立柱，菌形柱頭，上飾火紋。腹爲素面，頸有凸弦紋三周。鋬上有牛頭飾。鋬內壁腹上有銘文二字。

五一　獸面紋斝

商代晚期

通高二二·五厘米

傳河南安陽出土

日本白鶴美術館藏

圓形，斂口，鼓腹，口上一對立柱，菌頂，腹一側有獸首鋬，三棱錐狀實足。腹飾兩周不同式樣的獸面紋。

本圖由日本白鶴美術館供稿

五二　亞址斝

商代晚期

通高二七·五、口徑二〇·一厘米

一九九〇年河南安陽郭家莊西一六〇號墓出土

中國社會科學院考古研究所藏

侈口，長頸，鼓腹，分襠，三柱足。頸腹一側有鋬，鋬上端飾一牛頭。頸有二周凸弦紋，肩部飾目雷紋，袋足上有三角形凸弦紋。口沿內有銘文。

五三　小臣邑斝

商代晚期
通高四五·九厘米
傳河南安陽出土
美國聖路易藝術博物館藏

侈口，口上一對傘形柱，短頸，分襠鼓腹，一側有獸頭鋬，三空足，圓柱形足根。頸部及腹上各飾一周獸面紋，腹下部有雙線人字形紋。鋬內壁上有銘文二行。

本圖由美國聖路易藝術博物館供稿

五四　獸面紋斝

商代晚期
通高三九·五厘米
傳河南安陽出土
德國科隆東亞藝術博物館藏

侈口，長頸，口上一對立耳，傘形頂，分襠，三袋足，足根細長，一足上有獸頭鋬。頸部和袋足均飾獸面紋。

本圖由德國科隆東亞藝術博物館供稿

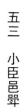

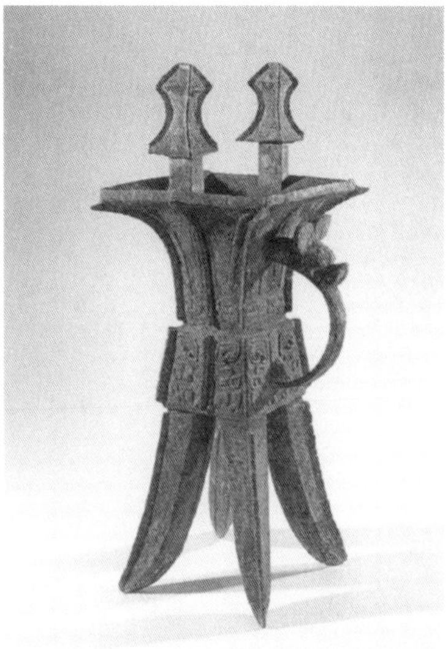

五五　婦好方斝

商代晚期
通高六八・八、口長二五・一厘米
一九七六年河南安陽小屯五號墓出土
中國社會科學院考古研究所藏

長方形口，外侈。方塔形立柱，頂面及四角有細棱。深腹平底。四足，足呈四棱錐尖形，兩內側有錐形淺槽。獸頭半圓形鋬，獸頭圓眼，雙角上豎，闊嘴，面部飾蟬紋。四角及三面中部和足外側都有扉棱。口下飾蕉葉紋，頸部爲對龍紋，龍頭相對，短身卷尾；腹部四面均飾大型獸面紋，獸口向下，方形眼，刀眉巨角，耳下有內屈的短足。足兩外側以足棱爲中線飾對龍蕉葉紋，龍頭向上。均以雷紋爲地。柱鈕似飾小獸面紋，柱四面飾雲紋、三角形紋。內底中部有銘文二字。

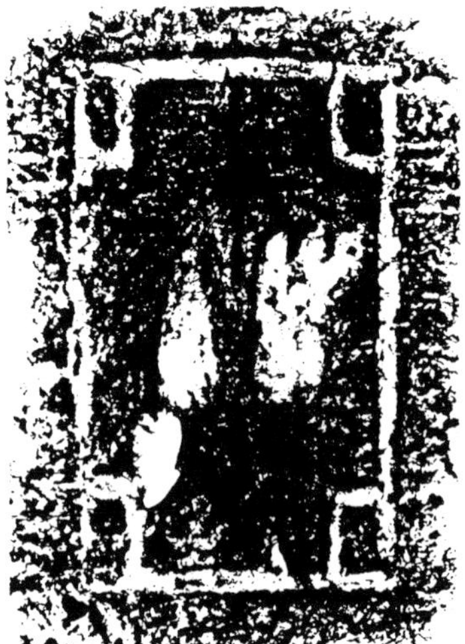

五六、五七　亞址方斝

商代晚期
通高四三・五、口徑長二〇・五、寬一九・一厘米
一九九〇年河南安陽郭家莊西一六〇號墓出土
中國社會科學院考古研究所藏

方斝。口近方形，口上有立柱，柱頭呈亞腰形，頂似四阿式屋頂。束頸，直腹，平底，四錐形足。頸到足四邊皆有扉棱。柱頭頂飾獸面紋，其下爲三角紋，再下爲倒龍紋。頸飾大三角紋，其下爲兩相對的龍紋。腹部四面皆爲獸面紋。足外側爲蕉葉紋，內填龍紋。鋬頂有卷角獸紋，鋬爲鱗紋。全器均以雲雷紋爲地紋。底內有銘文。

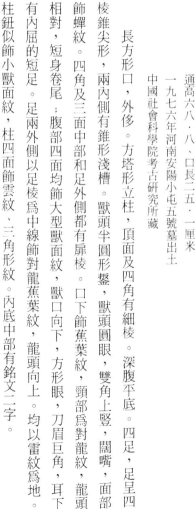

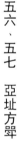

五八　獸面紋方斝

商代晚期
通高二一、口長一四·四、寬一二·三厘米
一九七六年河南安陽小屯五號墓出土
河南省博物館藏

器口呈圓角長方形，兩短邊中部各立一個方柱，柱帽爲四阿式，束頸，鼓腹，圜底，下有四個四棱錐狀矮足，腹側有一獸首弓形鋬。器上有平蓋，其短邊中部各開一缺口，恰與立柱相套合，中間鑄以相背的雙鳥爲鈕。器身飾以三角紋和獸面紋。

（王　瑋）

五九　孿方斝

商代晚期
通高四一厘米
傳河南安陽出土
美國弗利爾美術館藏

長圓形，斂口，束頸，鼓腹，口上一對立柱，傘形頂，四足三棱錐狀，有蓋，鳥形鈕，器身四隅及每壁中央有扉棱。口下一周三角蟬紋，頸部飾一周龍紋，腹飾獸面紋，四足飾蕉葉紋。器內有銘文一字。

本圖由美國弗利爾美術館供稿

六〇—六二　婦好偶方彝

商代晚期
通高六〇、長八八·二、器高四一厘米
一九七六年河南安陽小屯五號墓出土
中國社會科學院考古研究所藏

口部呈長方形，方唇，長邊兩面分別有七個方形槽和七個尖形槽，有肩，長方形腹，下部略內收，底近平，長方形圈足，兩端有對稱的附耳。體四面中部、四角和圈足的相應部位都有扉棱，圈足四面中部各開一缺口。體、足滿布瑰麗多姿的複層花紋；口下長邊兩面中部各有一個突起的獸頭，獸頭兩側飾以鳥紋，方形槽一面爲六鳥，每側三鳥；尖形槽一面則爲四鳥，每側二鳥，鳥頭都朝向獸頭。兩長邊腹中部各飾一個大獸面紋，在獸面口部兩側有龍、鳥各一；兩端又分別飾一作站立狀的大型龍紋。圈足兩長邊的兩端各有一條大型的龍紋，龍口向下；中部又有二龍，龍頭相對，尾作蛇頭形，較奇特。短邊兩面附耳之上各鑄一立體象頭，象頭兩側各有一鳥；象頭之下各飾一個大獸面紋。圈足短邊兩面各飾對稱的龍紋。方槽面部飾陰線小獸面紋；尖槽面部則爲陰線小龍紋。底內中部有銘文二字。

蓋似四阿式屋頂，兩端有對稱的四阿式柱鈕。蓋面中脊、四坡角和四面中部都有扉棱，長邊一面有七個方形小蓋，另一面則爲七個尖形小蓋，恰與器口上的小槽口相合。蓋面滿布精細的複層花紋：兩長邊中部有一突起的鴞面，鴞面兩側各飾一鳥，在鳥的上下又分別飾以龍紋。短邊兩面各飾倒立的龍紋兩條。短柱周壁飾三角形紋和人字形紋。蓋面下短邊兩端有長條形子口，與器口相合。

此器凝重華麗，獨具特色，整器宛如一座殿堂，設計者可能是模仿當時的大型宮殿的形狀精心鑄造的。這是我國目前所知唯一的一件商代大型貯酒器，也是殷墟青銅禮器中的佼佼者。

六三　婦好方彝

商代晚期
通高三六·六、口長一八·九、寬一四·六厘米
一九七六年河南安陽小屯五號墓出土
中國社會科學院考古研究所藏

長方形口，平沿，深腹，下部略內收，平底，長方形直圈足。圈足四面中部均有弧形缺口。器四面中部、四角和圈足的相應部位都有扉棱。通體遍布綺麗多姿的複層花紋：口下中部飾獸面紋，獸面兩側各有一鳥，鳥作站立狀，朝向獸面；腹飾大型獸面紋，獸咧口，大眼細眉，巨角小耳，面部兩側有對稱的足和上豎的尾；腹下部扉棱兩側各飾兩鳥，尖喙圓眼，短翅長尾，作站立狀；圈足扉棱兩側各飾一龍，尾相對，作回首狀。器的四面紋樣雷同。

蓋似四阿式屋頂，中有四阿式鈕，中脊及四坡角和四面正中都有扉棱。蓋面長邊各飾獸面紋，紋樣與腹部的雷同，但獸口向上；兩短邊飾以獸面紋。均以雷紋爲地。鈕的兩長邊飾陰線小獸面紋；短邊爲三角形紋。蓋內長邊一面中部有銘文二字。蓋面下有子口，與器口相合。

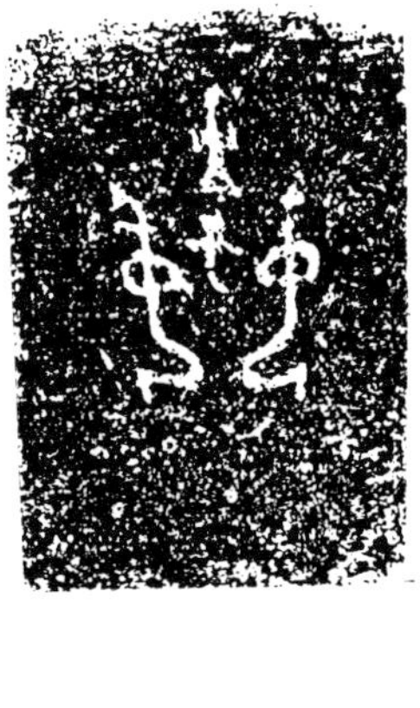

六四　右方彝

商代晚期
通高二七·二、口長一五·八、寬一二·六厘米
一九三五年河南安陽武官北地一〇二二號墓出土
台北中央研究院歷史語言研究所藏

長方形，深腹，圈足，四角及四壁中央有扉棱。有蓋，四坡形。通體以雲雷紋爲地，口下和圈足飾一周龍紋，器身及蓋上飾獸面紋。器、蓋對銘，各有一字。

本圖由台北中央研究院歷史語言研究所供稿

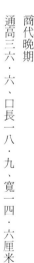

六五　獸面紋方彝

商代晚期

通長二七、上口長一四・九、寬一一厘米

一九八三年河南安陽大司空南六六三號墓出土

中國社會科學院考古研究所藏

有蓋。長方形口，平沿，腹壁略向內收，平底，長方形圈足，足四面正中有凹形缺口。器身四角及四面正中均有扉棱。通體以雲雷紋爲地紋，口下飾鳥紋，腹飾獸面紋，足飾龍紋。蓋似四阿式屋頂，正中有一四阿式鈕，飾雲雷紋。蓋的四角及四面正中也有扉棱。蓋有子口與器相合。蓋面飾獸面紋。

（徐廣德）

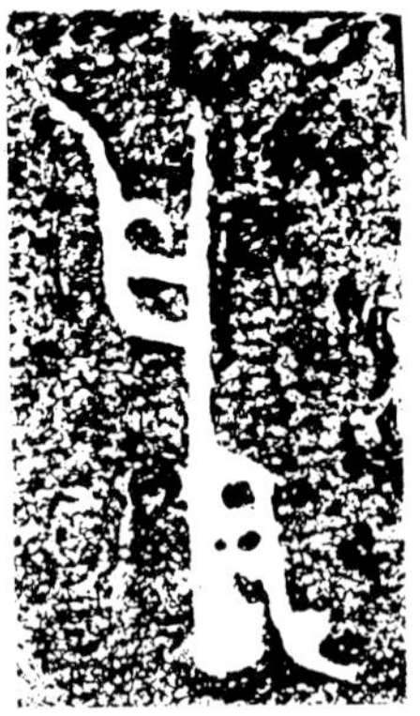

六六　爰方彝

商代晚期

通高二三・八、口長一三・六、寬一二・三厘米

一九八四年河南安陽戚家莊東二六九號墓出土

河南省安陽市文物工作隊藏

蓋似四阿式屋頂，脊中部有四阿式鈕，中脊及四坡角和四坡正中均有扉棱，蓋爲子口，器爲母口，器口長方形，平沿，口部向下略內收。平底，長方形圈足，足四面正中各有一個弧形缺口。器體及四面正中各有扉棱一條，直通蓋、足。蓋四面飾獸面紋，均以雷紋襯地，頂鈕兩寬面飾陰線獸面紋，另兩面飾三角形紋。器口下飾對稱的龍紋。腹飾獸面紋。圈足四面各飾一龍紋，龍首相對。彝體兩窄面紋飾形態瘦長，兩寬面紋飾形態則顯得短肥。腹、足部均以雲雷紋襯地。器內底中部及蓋內一寬面上均鑄銘文一字。

（孟憲武）

六七　學方彝

商代晚期
通高二二・八厘米
傳河南安陽出土
美國舊金山亞洲藝術博物館藏

長方形體，直壁深腹，圈足，四坡形蓋及鈕。器四隅及四壁中央有扉棱貫通，蓋面及腹部飾獸面紋，口下及圈足各飾一周目雷紋。器、蓋對銘，各有一字。

本圖由美國舊金山亞洲藝術博物館供稿

六八　獸面紋方彝

商代晚期
通高二一・七厘米
傳河南安陽出土
日本白鶴美術館藏

長方形，直壁深腹，圈足，四坡形蓋及鈕，器、蓋四隅及四壁中央有扉棱貫通，蓋頂有脊，通體以雷紋爲地，蓋、腹飾獸面紋，口下一周鳥紋，圈足飾龍紋。

本圖由日本白鶴美術館供稿

六九　宁方彝

商代晚期
通高二六・五厘米
傳河南安陽出土
德國科隆東亞藝術博物館藏

方形，直腹，圈足，有蓋，四坡形。器、蓋四隅及各面中央有扉棱。口下及圈足飾一周龍紋，器腹及蓋上飾獸面紋。器內有銘文一字。

本圖由德國科隆東亞藝術博物館供稿

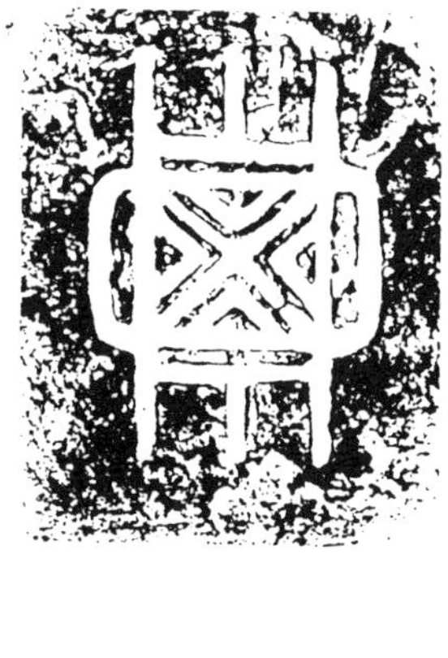

七〇　獸面紋瓿

商代晚期
高二一・四、口徑一九・四厘米
一九三六年河南安陽小屯二三二號墓出土
台北中央研究院歷史語言研究所藏

斂口，鼓腹，圈足，器體扁矮。口下兩周弦紋，上腹飾變形獸面紋，下腹飾獸面紋，圈足飾雲雷紋。

本圖由台北中央研究院歷史語言研究所供稿

七一　百乳雷紋瓿

商代晚期

高一三・八、口徑一七・六厘米

一九三六年河南安陽小屯一八八號墓出土

台北中央研究院歷史語言研究所藏

斂口，束頸，鼓腹，圈足。口下一周三角紋，頸飾雲雷紋，腹部主體花紋爲百乳雷紋，圈足飾目紋。

本圖由台北中央研究院歷史語言研究所供稿

七二　勾連雷紋瓿

商代晚期

高一六・八、口徑一六厘米

一九五九年河南安陽武官北地一號墓出土

中國社會科學院考古研究所藏

斂口方唇，束頸，圓肩鼓腹，底近平，矮圈足，略外侈。圈足上端有三個長方形小孔。頸飾弦紋二周，肩部飾龍紋九個，龍的頭尾相接，鈎喙，目字形眼，短身卷尾，以雲雷紋爲地。腹部飾勾連雷紋，圖案排列規整。足飾雲雷紋一周。

七三　婦好瓿

商代晚期
通高三四・二、口徑二一・八厘米
一九七六年河南安陽小屯五號墓出土
中國社會科學院考古研究所藏

斂口窄沿，方唇，短頸圓肩，腹下部內收，底近平，圈足較高，圈足上端有三個長方形小孔。肩部有三個突起的獸頭，獸頭之間，各有一條下連腹部的較長扉棱。圈足上有六條短棱，與腹部的扉棱相對應。通體滿布繁縟花紋：口下兩周凸弦紋；肩部獸頭兩側飾對稱的龍紋；腹部三組獸面紋，在獸面兩側各有一條倒立狀的龍紋；圈足飾龍紋三組，每組兩龍，頭相對。均以雷紋爲地。內底中部有銘文二字。

蓋面隆起似球面，上有六條扉棱，中部有菌形鈕。蓋面飾獸面紋三組，獸口向上，雷紋爲地。鈕面飾蟬紋一周，共六個。鈕壁有一周雲紋。蓋下周沿有子口，與器口相合。

七四　勾連雷紋瓿

商代晚期
通高一七、口徑一六・四厘米
一九八三年河南安陽大司空南六六三號墓出土
中國社會科學院考古研究所藏

斂口，方唇，束頸，圓肩，鼓腹，平底微凸，矮圈足上有三孔。頸部飾兩道凸弦紋，肩部以雲雷紋爲地紋，上飾龍紋，腹部飾勾連雷紋，足部飾龍紋。

（徐廣德）

七五　百乳雷紋瓿

商代晚期
高一三厘米
傳河南安陽武官北地出土
法國吉美亞洲藝術博物館藏

斂口，短頸，鼓腹，圈足。頸有兩周弦紋，上腹一周龍紋和聯珠紋，腹部飾百乳雷紋，圈足內底有一龜紋。

本圖由法國吉美亞洲藝術博物館供稿

七六　獸面紋瓿

商代晚期
通高四七·六、口徑二九·八厘米
一九七六年河南安陽小屯五號墓出土
河南省博物館藏

蓋隆起，上有圓形鈕。器身斂口，折沿，短頸，鼓腹，平底，圈足。腹部飾獸面紋，以雷紋襯地。肩部飾三個突起的獸首。紋飾繁縟，器體厚重。

（王　瑋）

七七　獸面紋罍

商代晚期
高二四·一、口徑一六·八厘米
一九三六年河南安陽小屯三三一號墓出土
台北中央研究院歷史語言研究所藏

侈口，短頸，折肩，深腹，圈足，足上有三個長方形穿孔。頸部有三條弦紋，肩飾變形獸面紋，上腹一周目斜雷紋，腹部主體花紋爲獸面紋，圈足上飾一周雲雷紋。或以爲商代中期。

本圖由台北中央研究院歷史語言研究所供稿

七八　獸面紋罍

商代晚期
高二四·四、口徑一四至一六·六厘米
一九三六年河南安陽小屯三八八號墓出土
台北中央研究院歷史語言研究所藏

侈口，短頸，折肩，深腹，圈足。折肩處有三個浮雕獸頭裝飾，圈足上有三個長方形穿孔。頸飾三周弦紋，肩上一周變形獸面紋及聯珠紋，上腹一周變形獸面紋，腹部主體花紋爲獸面紋和聯珠紋，圈足也飾獸面紋。或以爲商代中期。

本圖由台北中央研究院歷史語言研究所供稿

七九　弦紋罍

商代晚期
高三三、口徑一一·六厘米
一九七七年河南安陽小屯一八號墓出土
中國社會科學院考古研究所藏

小口，圓唇，頸較高，圓肩，肩較寬，肩、腹分界不明顯，腹上部較鼓，腹下部內斂，平底略內凹。頸飾凸弦紋二周，肩部有對稱的半環形耳，上飾羊頭，方目卷角，形象生動，腹下部一面也有一飾羊頭的半環形耳。

八〇　弦紋罍

商代晚期
通高三四·三、腹徑二八厘米
一九八〇年河南安陽大司空南五三九號墓出土
中國社會科學院考古研究所藏

小口，高頸，鼓腹，小平底。肩部有兩對稱豎耳，下腹近底處也有兩對稱豎耳，四耳上皆飾浮雕羊頭。通體素面，肩部飾一道凹弦紋。

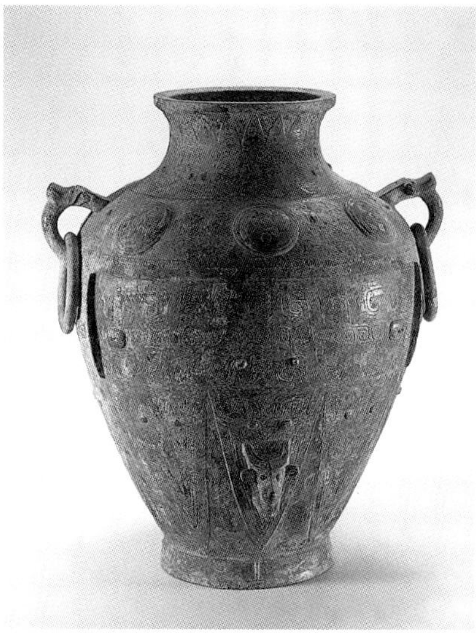

八一、八二　亞址罍

商代晚期

通高四四・八、口徑一七・五厘米

一九九〇年河南安陽郭家莊西一六〇號墓出土

中國社會科學院考古研究所藏

侈口，方唇，短頸，圓肩，深腹，底內凹，矮圈足。肩有一對半環形耳，耳上飾牛頭，耳內一圓環。下腹有一牛頭形鼻。口沿下爲一周三角蟬紋，其下爲一帶龍紋。肩部飾六個圓形火紋，其中間以相向的龍紋。腹上部有三對由龍紋組成的獸面紋，以扉棱爲鼻。腹下部飾大蕉葉紋，內有兩相對的龍紋。圈足上一帶龍紋。所有紋飾都以雲雷紋爲地紋。頸及腹內有銘文。

八三　爰罍

商代晚期

通高三八・六、口徑一六・九厘米

一九八四年河南安陽戚家莊東二六九號墓出土

河南省安陽市文物工作隊藏

侈口，束頸，廣肩，腹下收，圈足平底。肩部有兩個對稱的半環形耳，兩耳間腹下部一側也有一個半環形耳。頸飾凸弦紋兩條，肩部兩側飾凸圓泡六個，泡面飾火紋。腹上部飾寬帶凹弦紋一周。三耳上同飾牛面紋。口沿內一側鑄銘文一字。

（孟憲武）

八四　宁罍

商代晚期
高四六・五、口徑一七・三厘米
上海博物館藏

束頸、圓肩、腹壁自肩以下漸斜收，圈足低而外張。肩兩側置銜環牛頭耳，腹下部有一個牛頭形鼻，爲傾酒時提拎之用。蓋飾獸面紋，肩部的獸面紋，在其上揚的體軀下各有一龍紋。腹上部有鳥紋一周，其下是蕉葉紋，內有對稱連尾的鳥紋一對。整器紋飾平整工麗。器、蓋同銘一字。

（周　亞）

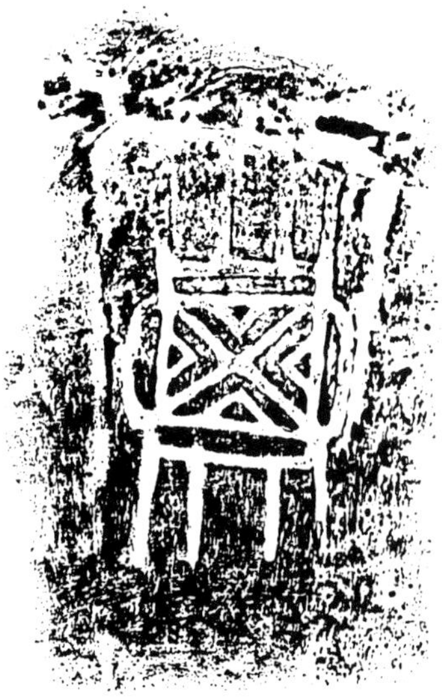

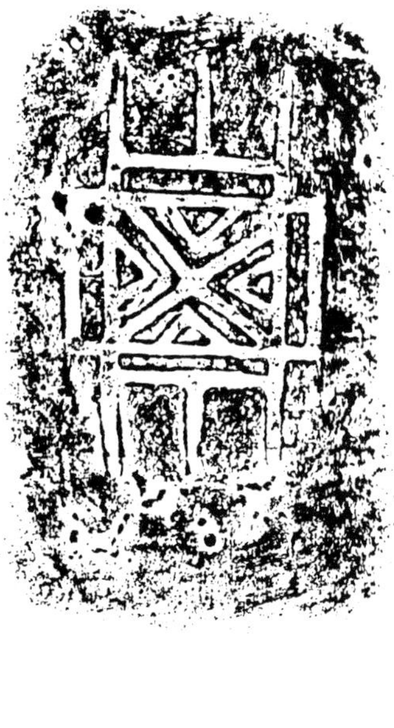

八五　雷紋罍

商代晚期
通高三八・五厘米
傳河南安陽出土
日本白鶴美術館藏

直口，短頸，圓肩，收腹，圈足，肩兩側有銜環獸頭耳，腹下部有一獸頭鼻，有蓋，有圈形捉手。蓋上及肩部各有一周雷紋和聯珠紋，肩腹處有一周凸棱，上飾方格雷紋。

本圖由日本白鶴美術館供稿

八六　獸面紋方罍

商代晚期

通高四四·七、口長一三·四、寬一〇·六厘米

傳一九五二年河南安陽出土

河南省新鄉市博物館藏

直口，弧肩，深腹，平底。有蓋，四坡形。肩兩側有半環耳，另一面的腹下部有牛頭形鼻。蓋上飾獸面紋，肩部前後有浮雕獸頭，腹上部飾獸面紋和火紋，下部飾蕉葉紋。

八七　獸面紋方罍

商代晚期

通高四五、口長一三·二厘米

傳河南安陽出土

美國芝加哥藝術館藏

方口，短頸，弧肩，深腹，平底。有蓋，四坡形。肩兩側有獸頭耳，前後有浮雕獸頭，下腹正面有獸頭鼻。蓋上飾獸面紋，頸飾鳥紋，肩飾火紋，腹飾龍紋和蕉葉紋。蓋內壁有一蟬形凸飾。

本圖由美國芝加哥藝術館供稿

八八　婦好壺

商代晚期
通高五二·二、器高四一·五、口徑二〇·五厘米
一九七六年河南安陽小屯五號墓出土
中國社會科學院考古研究所藏

扁圓形口，平沿，長頸鼓腹，底略外凸，扁圓形矮圈足，頸部兩側有對稱的獸頭形貫耳。兩側和兩面中部有扉棱，圈足上也有與器體對應的四條扉棱，圈足上端兩側面有對稱的小孔。通體布滿瑰麗的複層花紋。分爲五段：口下飾獸面紋，兩側各有一龍；頸部扉棱兩側各飾兩龍紋，頸下飾大獸面紋，兩側有足和上豎的身尾，但與獸面紋分離。其下扉棱兩側各有回首狀的龍紋三條；腹部飾大獸面紋，兩側各有一倒立龍紋。圈足飾龍紋，兩面各二龍，頭朝向扉棱。兩面紋飾雷同。兩耳上的獸頭，從側面觀察作正視相，底內中部有銘文二字。

蓋面隆起成弧形，中部有四阿式鈕。蓋面的扉棱與器體扉棱對應，器蓋也飾獸面紋，口向下，與器體紋飾極爲協調。均以雷紋爲地紋。

八九　先壺

商代晚期
高三三·四、口徑長一一·七、寬一五·三厘米
上海博物館藏

器形扁圓，口微侈，頸略收，自頸而下，腹兩側漸弛張而成垂腹之態，圈足。頸兩側有貫耳，上飾獸面紋。腹部上下置一正一反的獸面紋，瞪目咧嘴，形象威猛。圈足飾獸體目紋。腹內底鑄銘文一字。

（周　亞）

九〇　⿱鄉子壺

商代晚期

高三三厘米

傳河南安陽出土

美國舊金山亞洲藝術博物館藏

橢圓形，直口，長頸，鼓腹，圈足，口下兩側有一對貫耳。頸有兩條弦紋，頸、腹飾兩周式樣不同的獸面紋，圈足飾雷紋。器內有銘文一字。

本圖由美國舊金山亞洲藝術博物館供稿

九一　勾連雷紋壺

商代晚期

通高一七．五厘米

傳河南安陽出土

美國弗利爾美術館藏

小口，長頸，鼓腹，圈足，有蓋，菌形鈕。蓋面及頸部有三條扉棱，飾淺浮雕獸面紋，肩部飾一周目紋，上下夾圓圈紋，腹飾勾連雷紋，圈足飾雲雷紋。

本圖由美國弗利爾美術館供稿

九二　雷紋壺

商代晚期

通高一七．五厘米

傳河南安陽出土

德國科隆東亞藝術博物館藏

侈口，長頸，鼓腹，圈足，有蓋，菌鈕。器飾曲折雷紋和龍紋，蓋上飾獸面紋。

本圖由德國科隆東亞藝術博物館供稿

九三、九四　司㚸母方壺

商代晚期
通高六四、口長二三·五、寬一九·五厘米
一九七六年河南安陽小屯五號墓出土
中國社會科學院考古研究所藏

長方形口，短沿方唇，束頸折肩，收腹平底，長方形高圈足。圈足上端四面中部各有一個長方形小孔。四角、四面中部及圈足的相應部位都有扉棱。口下四面及四角飾以三角形蟬紋，蟬頭向下。肩部四角各鑄一長尾立體鳥，鳥作伏狀；腹上部四面各有一條一頭二身的龍，龍頭呈浮雕狀，口向下，雙目斜吊，鈍角上豎，長身尾上卷，爪前屈，形象威嚴莊重。腹部四角飾巨大的獸面紋，以扉棱作鼻梁，口向下，目字形眼，圓眸突起，極爲傳神，角上豎內卷，角尖翹起，圈足四面均飾獸面紋，以扉棱作鼻梁，有身尾和內屈的足，腹與圈足均以雷紋爲地紋。內底中部有銘文三字。

蓋呈四阿平頂式，中部有四阿式鈕。蓋面四角各有一陰線龍紋。四坡面飾獸面紋，口向上，以扉棱作鼻梁，形象與腹部四角的獸面紋近似，以雷紋爲地。鈕表面飾陰線小獸面紋。蓋四面與四角都有扉棱，與器體上的扉棱相對應。蓋下有子口，與器口不甚相合。

九五　司㚸母尊

商代晚期

通高四六·七、口徑四一·六厘米

一九七六年河南安陽小屯五號墓出土

中國社會科學院考古研究所藏

侈口方唇，束頸，折肩較窄，肩下腹略鼓，腹下部內收，圜底高圈足，一側殘損。圈足上端有十字形孔，有的已鏽塞。腹、足各有六條扉棱。通體滿布複層花紋，口下飾雷紋蕉葉紋一周，肩部有突起的獸頭和短棱各三，二者相間隔，獸頭兩側飾龍紋，肩部有與獸頭相接合的似龍體的花紋。腹上部飾目雷紋三組，共六個。腹部爲三組大型獸面紋，方形目，巨眉短足，獸面兩側分列倒立小龍紋。圈足也飾獸面紋三組，目字形眼，圓眸微突，顯示瞳孔，面目猙獰。獸面兩側各有一倒立龍紋，圈足紋樣與腹部有所不同。口下內壁有銘文三字。

九六　獸面紋尊

商代晚期

通高二〇、口徑二四厘米

一九七七年河南安陽小屯一八號墓出土

中國社會科學院考古研究所藏

體粗矮，侈口短頸，折肩，肩下腹較直，向下內收，圜底，圈足直矮，上端有三個橢圓形孔。口沿下飾對龍蕉葉紋，頸飾龍紋一周，頭向一致。肩部有三個突起的牛頭，另有與牛頭相間隔的三條短棱，腹與圈足上各有六條扉棱。肩上牛頭兩側飾變形龍紋，大頭豎目，短身，長尾上卷。腹部飾獸面紋三組，大嘴，目字形眼，體細長，尾上翹，尾端下卷，口旁有足，體下有小龍紋。圈足也飾獸面紋。腹部的獸面紋與肩部牛頭對應。通體紋飾精緻美觀。

九七　子漁尊

商代晚期
通高三六·七、口徑三二·八厘米
一九七七年河南安陽小屯一八號墓出土
中國社會科學院考古研究所藏

高體，侈口，折肩，口徑大于肩徑，肩下腹較直，下部略內收，圜底，高圈足，圈足上部有三個十字形孔。口沿下有蕉葉紋九條，由對龍紋構成，龍頭向下，雲雷紋地。頸飾龍紋一周，共六條，頭尾相接。張口豎目，體長，尾上卷。腹下一足。肩部飾龍紋三組，龍頭相對，豎目短身尾，尾上卷。兩龍之間有突起的獸頭，頭上有一對大卷角，似羊頭，腹部飾大型獸面紋三組，獸面兩側有倒立狀小龍紋。以雲雷紋襯地，主紋用粗線條構成，三組紋飾與肩部的三個獸頭相對應，在主紋之上，肩下有小獸面紋三組，方形目，長身尾。圈足飾獸面紋兼龍紋，也分爲三組，與腹部紋樣構圖相似。肩部有與獸頭相間隔的三條短扉棱，腹部與圈足上各有六條扉棱。底內中部有銘文二字。

九八　獸面紋尊

商代晚期
通高三三·一、口徑三九·二厘米
一九八四年河南安陽戚家莊東二六九號墓出土
河南省安陽市文物工作隊藏

大喇叭形口，方唇束徑，折肩，腹微弧下收，高圈足，圜底。底飾大方格紋。頸部飾蕉葉紋，下飾龍紋一周，雷紋襯地。肩飾對稱的三組獸面紋，各組飾一凸起的羊首，界以扉棱，雲雷紋襯地。腹飾鳥紋一周，其下飾三組獸面紋，均以扉棱爲鼻，雲雷紋襯地。足部飾對稱的獸面紋三組，均以扉棱爲鼻。

（孟憲武）

九九　宁尊

商代晚期
高三九·七、口徑三五·五厘米
傳河南安陽出土
美國紐約大都會藝術博物館藏

大侈口，長頸，折肩，收腹，高圈足，肩部有三個浮雕獸頭，腹及圈足有六條扉棱。頸飾蕉葉紋，肩飾龍紋，腹部飾獸面紋和鳥紋，圈足也飾獸面紋。器內有族徽銘文一字。

本圖由美國紐約大都會藝術博物館供稿

一〇〇　亞址尊

商代晚期
通高二五、口徑二二·九厘米
一九九〇年河南安陽郭家莊西一六〇號墓出土
中國社會科學院考古研究所藏

喇叭形口，深腹，下腹外鼓，圜底，圈足外侈。腹中部有凸弦紋兩周，圈足中部有凸弦紋一周。圈足內有銘文，亞字框內一字。

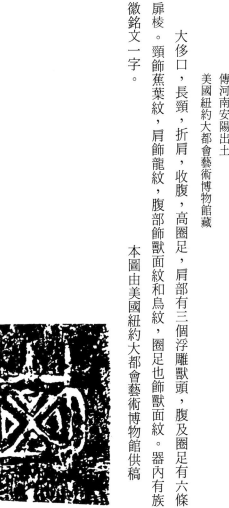

一〇一　亞共尊

商代晚期

通高三四·四、口徑二三厘米

一九七二年河南安陽孝民屯南九三號墓出土

中國社會科學院考古研究所藏

形似高筒盂。喇叭口，深腹微外鼓，高圈足。腹飾粗線大四瓣目紋，圈足上有兩道凸弦紋。圈足內有銘文，亞字框內一〇個字。

一〇二　亞共尊

商代晚期

通高三四、口徑二三厘米

一九七二年河南安陽孝民屯南九三號墓出土

中國社會科學院考古研究所藏

形似高筒盂。侈口，深腹，腹微鼓，高圈足。腹飾粗線大四瓣目紋，圈足上有兩道凸弦紋。圈足上有銘文，亞字框內八個字。

一〇三　𥄳尊

商代晚期

高二五・七、口徑二〇・六厘米

上海博物館藏

口似喇叭形侈張，頸較長，腹略鼓，圈足較高。腹部飾四瓣目紋，以獸目爲中心，四角附有頂部分岔的花瓣形，整個紋飾似盛開的花朵却有獸目點綴其中，極具裝飾效果。銘文記載器主爲𥄳氏，在商王朝任史官。

（周　亞）

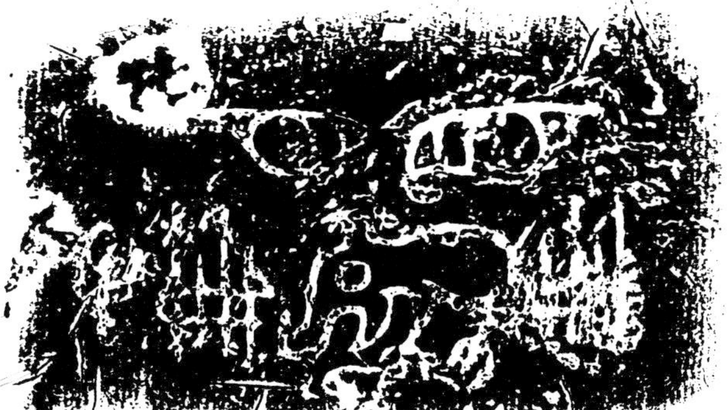

一〇四　獸面紋尊

商代晚期

通高二五・三、口徑二一・三厘米

一九八四年河南安陽戚家莊東二六九號墓出土

河南省安陽市文物工作隊藏

大喇叭口，深腹，高圈足，圜底。頸下端飾凸弦紋三周，腹上下各飾聯珠紋一周，間飾對稱的獸面紋兩組，以雷紋襯地。腹、足間飾凸弦紋一周及對稱的兩個假十字鏤孔，足部飾獸面紋，以雲雷紋襯地。

（孟憲武）

一〇五　父己尊

商代晚期
高一三、口徑一一·三厘米
傳一九五〇年河南安陽郊區出土
河南省新鄉市博物館藏

大侈口，凸腹，高圈足。腹飾目紋和聯珠紋，圈足飾變形雷紋。圈足內壁有銘文三字。

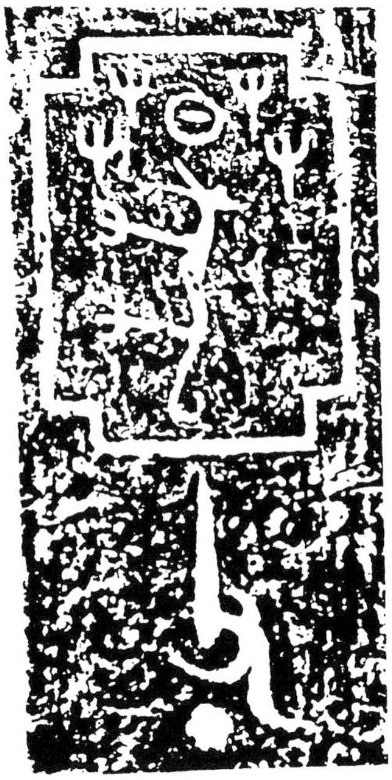

一〇六　亞獏尊

商代晚期
高三〇·五、口徑二三·二厘米
傳河南安陽出土
美國弗利爾美術館藏

大侈口，長頸，圓腹，高圈足。腹及圈足有四條扉棱，頸部飾蕉葉紋，腹及圈足飾獸面紋。器內底有銘文。

本圖由美國弗利爾美術館供稿

一〇七 亞尊

商代晚期
高三五・一、口徑二二・六厘米
傳河南安陽出土
美國賽克勒美術館藏

大侈口，長頸，圓腹，高圈足，足上有十字穿孔。自口至足有四條扉棱貫通，頸飾蕉葉紋，其下有一周柿蒂紋，腹及圈足飾獸面紋。圈足內壁有銘文一字。

本圖由美國賽克勒美術館供稿

一〇八 婦好方尊

商代晚期
通高四三、口長三五・五、寬三三厘米
一九七六年河南安陽小屯五號墓出土
中國社會科學院考古研究所藏

長方形口，外侈，束頸窄肩，下腹內收，高圈足，外侈。圈足上端四面中部各有一個長方形孔。體四面中部、四角和圈足的相應部位都有扉棱。肩部四面中部各有一個突起的獸頭，獸頭兩側飾對稱的龍紋和龍面紋。肩部四角各鑄一隻伏臥狀怪鳥，鳥身向外，大鉤喙，豎耳，短翅長尾，形象生動。尊通體遍布綺麗花紋：口下獸面蕉葉紋，獸口向上；腹四面均爲獸面紋，獸口向下，面兩側分列身和足；圈足四面均爲獸面紋，獸口亦向下（長邊的獸面兩側有短足，短邊的無足）。均以雷紋爲地。底內中部有銘文二字。

一〇九 后𡚱母癸方尊

商代晚期
通高五六、口長三七・五、寬三六・九厘米
一九七六年河南安陽小屯五號墓出土
中國社會科學院考古研究所藏

口呈方形，外侈，束頸窄肩，平底，高圈足，外侈。圈足上端四面中部各有一十字形孔。體四角與四面中部和圈足的相應部位均有扉棱。口下以扉棱爲中線飾雷紋蕉葉紋；肩四面中部分別鑄有一頭二身的獸，獸頭突起，小眼細眉，嘴上翹，頭上有角。身尾似龍，飾菱形紋。腹與圈足的四面飾大型獸面紋，方形目，刀形眉，頭上有角，有首無身。均以雷紋爲地紋。內底中部有銘文兩行四字。

一一〇 亞址方尊

商代晚期
通高四三・九、口長三三厘米
一九九〇年河南安陽郭家莊西一六〇號墓出土
中國社會科學院考古研究所藏

口呈方形，外侈，束頸，窄肩，深腹，平底，高圈足。尊身四角及四邊中部皆有扉棱。肩部四角有圓鈕頭，上套四象頭，肩四邊中部有圓環形鈕，上套四鹿頭。頸下飾內塡龍紋的蕉葉紋。腹及圈足飾獸面紋，以扉棱爲鼻，雲雷紋爲地紋。肩部、肩腹間及圈足上部飾龍紋，每組四條，以扉棱爲中心相對，尊內底有銘文，亞字框內一字。

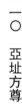

一一一、一一二　亞址方尊

商代晚期

通高四四・三、口長三三・四厘米

一九九〇年河南安陽郭家莊西一六〇號墓出土

中國社會科學院考古研究所藏

本器的器形、紋飾及銘文與圖一一〇同。

一一三　婦好鴞尊

商代晚期

通高四六・三、口長一六 厘米

一九七六年河南安陽小屯五號墓出土

中國社會科學院考古研究所藏

形似站立狀的鴟鴞，頭微昂，面朝天，大眼寬喙，小耳高冠，胸略外突，雙翅翕合，寬尾下垂，與雙足合成三個支撐點。頭後開一半圓形口，上可置蓋。背後有獸頭半圓形鋬。頸部和胸部各有一條扉棱。通體布列瑰麗多姿的複層花紋：冠飾羽毛紋和龍紋；喙飾蟬紋；胸部飾頭向上的大蟬紋；頸部兩側各飾一條雙頭龍紋；兩翅前部飾蟠蛇紋，蛇身飾菱形紋，蛇尾與翅并行；頸後部連同鋬下壁面有一大型獸面紋，獸口向下，頭有巨角。鋬下尾上鑄有一隻作飛翔狀的鴟鴞，圓眼尖喙，雙足內屈，兩翼展開，形象逼眞。口下內壁有銘文二字。

蓋面隆起，前端鑄一隻尖喙高冠、作站立狀的鳥；鳥後則爲一條站立狀的龍，以此用作蓋鈕，小巧精緻，獨具匠心。蓋面飾獸面紋，獸口向外。以雷紋爲地紋。蓋下有內折子口，與器口相合。

一一四 獸面紋卣

商代晚期

通高三五·四、口高二五·七、口徑八·八厘米

一九七六年河南安陽小屯五號墓出土

中國社會科學院考古研究所藏

小口長頸，鼓腹圜底，矮直圈足，腹部有對稱的小環鈕，其上安有龍頭提梁，龍口向下，鈍角上豎，形象生動。梁面正中有一條細長的扉棱，與兩端的龍頭相連。頸、腹、足兩面均有細棱。圈足上端兩側有長方形小孔各一。口下的花紋不甚清晰；頸、腹兩面均飾獸面紋，口都向下，以細棱作鼻梁，雷紋爲地。

蓋面似球面，中部鑄一站立狀的鳥，以作蓋鈕。在蓋面上有一個附加的活動環帶，環帶由一龍一鳥構成，鳥尾作成小環形，與提梁內側的小環相套合，結構相當巧妙。蓋面周緣飾雷紋一周。蓋下周沿有內折的子口，與器口相合。

一一五 獸面紋卣

商代晚期

通高二八、口高二二·五、口徑七·七厘米

一九七七年河南安陽小屯一八號墓出土

中國社會科學院考古研究所藏

有蓋。口外侈，頸細長，圓腹外鼓，最大徑在腹下部，圈足直矮，上有長方形小孔。蓋頂呈弧形，菌狀鈕，蓋緣有伸出的子口，可與器口密合，加蓋後器形呈葫蘆形，造型美觀。腹上部兩側各有一環形鈕；提梁似兩首一身的蛇形，兩蛇頭背面有橫梁，恰可與器腹兩側的環形鈕套合，在提梁上端有一半圓形環，環上套有蟬形的長方牌飾，牌飾的另一端與蓋鈕相接，但與蓋鈕套合的環原殘斷，出土時器與蓋分放兩處。此卣紋飾較簡單，蓋緣飾雲紋一周，上下兼飾弦紋，蓋鈕飾火紋。器口下飾凸弦紋二周，頸飾獸面紋兩組，細窄鼻梁，目字形眼，眸子突起，眉上豎，眉尖內卷，大嘴。圈足飾雲雷紋一周，最生動的是二首一身的蛇形提梁。蛇的形象近似拱身爬行狀，蛇頭上翹，口微張，雙目圓睜，體表飾菱形紋，兩側飾小三角紋。造型生動的蛇形提梁給人以美感。

一一六　獸面紋卣

商代晚期
通高二八、口徑七·四厘米
一九三五年河南安陽武官北地一〇二二號墓出土
台北中央研究院歷史語言研究所藏

小口，長頸，實爲一倒置的瓠，鼓腹，圈足，腹兩側有耳，連接扁平提梁，提梁兩端作獸頭形，有蓋，半環鈕，有蛙形鏈連接蓋鈕和提梁內側的環。製作極具匠心。通體以雲雷紋爲地，自蓋至圈足有九周紋飾，主體紋飾爲獸面紋，提梁表面飾雲雷紋。

本圖由台北中央研究院歷史語言研究所供稿

一一七　北單卣

商代晚期
通高二五·四、口徑七厘米
一九五〇年河南安陽武官北地一號墓出土
中國歷史博物館藏

口有蓋，卣身細頸鼓腹，底有圈足。肩有兩耳，耳內穿提梁，梁與蓋由一伏蟬活環銜接，提梁以獸頭接于器之兩耳。頸有一帶以雲雷紋爲地紋的獸面紋，圈足飾雲雷紋，蓋頂飾三角雲雷紋，提梁上飾斜方格紋。足底有二銘文。

一一八　獸面紋卣

商代晚期
通高三七·五厘米
傳河南安陽出土
美國舊金山亞洲藝術博物館藏

小口，細頸，鼓腹，圈足，有蓋，鳥形鈕，有曲頸提梁，兩端有獸頭，提梁內側有鼻，以鏈與蓋鈕相連。蓋面飾雲雷紋，口下一周鳥紋，頸及腹飾獸面紋，中隔雷紋帶，圈足飾龍紋，提梁有中脊，兩側飾曲折紋。

本圖由美國舊金山亞洲藝術博物館供稿

一一九　册告卣

商代晚期
通高三〇·一厘米
傳河南安陽出土
美國賽克勒美術館藏

小口，長頸，鼓腹，圈足，有蓋，曲頸提梁，兩端有獸頭，提梁內側有鼻，以鏈與蓋鈕相連。蓋鈕作鳥頭狀，蓋面紋飾即爲鳥身及翼，頸飾獸面紋，上下各有一周鳥紋，腹飾鴞紋，雙足立于圈足之上，圈足一周雷紋。器底有銘文二字。

本圖由美國賽克勒美術館供稿

一二〇、一二一　亞址卣

商代晚期

通高三五・八、口徑一五至一三・五厘米

一九九〇年河南安陽郭家莊西一六〇號墓出土

中國社會科學院考古研究所藏

有蓋。卣身直口，束頸，鼓腹，圜底，高圈足。肩有雙環，穿一提梁，提梁與圓環相接處飾一獸頭。提梁內外兩面均有四條對稱的龍紋，以雲雷紋爲地紋。蓋、頸、腹和足都有四條扉棱。蓋長邊扉棱下方有一凸起長方塊，上飾蟬紋。蓋頂爲花蕾形短柱鈕，鈕下四周爲直條紋，蓋頂外側爲鳥紋。器頸、下腹及圈足都是鳥紋，填以雲雷紋，腹上部爲直條紋。蓋及器底皆有銘文，亞字框內一字。

一二二　伇燕卣

商代晚期

通高三〇、最大腹徑二一・三至一一厘米

一九八二年河南安陽孝民屯南八七五號墓出土

中國社會科學院考古研究所藏

器厚重，綠色，有蓋，器身截面呈橢圓形，鼓腹，矮圈足。兩肩各有一豎耳，內穿絢形提梁。蓋呈覆鉢形，頂有花蕾形鈕，飾以雲雷紋，蓋周飾蕉葉紋。頸有帶紋一周，以雲雷紋爲地紋，兩相對龍紋之間有浮雕小獸頭。腹部素面。圈足上有兩周弦紋。蓋內有銘文二字。

一二三　亞盥卣

商代晚期
通高二九·五、腹徑二〇至一六·五厘米
一九六三年河南安陽苗圃北地一七二號墓出土
中國社會科學院考古研究所藏

由蓋及身兩部分組成，截面呈橄欖形。蓋呈覆缽形，有母口，頂有花蕾形把手。蓋頂飾雲雷紋，周邊飾蕉葉紋。器身有子口，鼓腹，圈足。肩兩旁有耳，內穿綯形提梁。頸部有一紋帶，由兩相對龍紋組成，間以一獸頭，雲雷紋爲地紋。圈足上也如之，唯不以獸頭而以豎棱相隔。蓋內有銘文二字。

一二四　鳥紋卣

商代晚期
通高二〇·二、口徑一〇·一至七·七厘米
一九三五年河南安陽武官北地二〇四六號墓出土
台北中央研究院歷史語言研究所藏

橢圓形，斂口，鼓腹，圈足，有蓋，瓜形鈕，口下兩側有環形耳，繫以綯形提梁。蓋面及口下各飾一周鳥紋，上下夾以圓圈紋，圈足上有兩周弦紋。

本圖由台北中央研究院歷史語言研究所供稿

一二五　雷紋卣

商代晚期

通高一九・八厘米

一九八四年河南安陽戚家莊東二六九號墓出土

河南省安陽市文物工作隊藏

體呈扁圓形，有絢形提梁，蓋爲母口，有菌狀鈕，直口，平肩，鼓腹，圈足，圜底。蓋表及頸部飾聯珠紋兩周，間飾雷紋。頸中部有突起的獸頭。足飾凸弦紋兩條，底飾方格紋。

（孟憲武）

一二六　鳥紋卣

商代晚期

通高二六・五厘米

一九八五年河南安陽劉家莊北一號墓出土

河南省安陽市文物工作隊藏

橢圓體，有絢形提梁。帶蓋，蓋爲母口，高頸平肩，鼓腹，高圈足。蓋表飾雲雷紋襯地的獸面紋兩組，蓋頸飾蕉葉紋一周，卣頸飾雲雷紋襯地的鳥紋兩組，足有對稱的十字鏤孔一對。

（孟憲武）

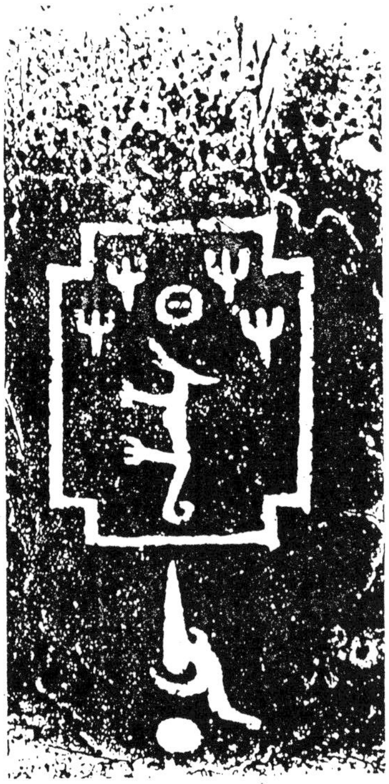

一二七　二祀𠨘其卣

商代晚期

通高三八·四厘米

傳河南安陽出土

故宮博物院藏

橢圓形，斂口，鼓腹，圈足，腹兩側有耳，繫以提梁，有蓋，瓜形鈕。頸部前後有浮雕獸頭，器蓋、口下和圈足均飾龍紋，提梁上飾蟬紋。器、蓋對銘，各有四字，另在圈足外底有銘文七行。

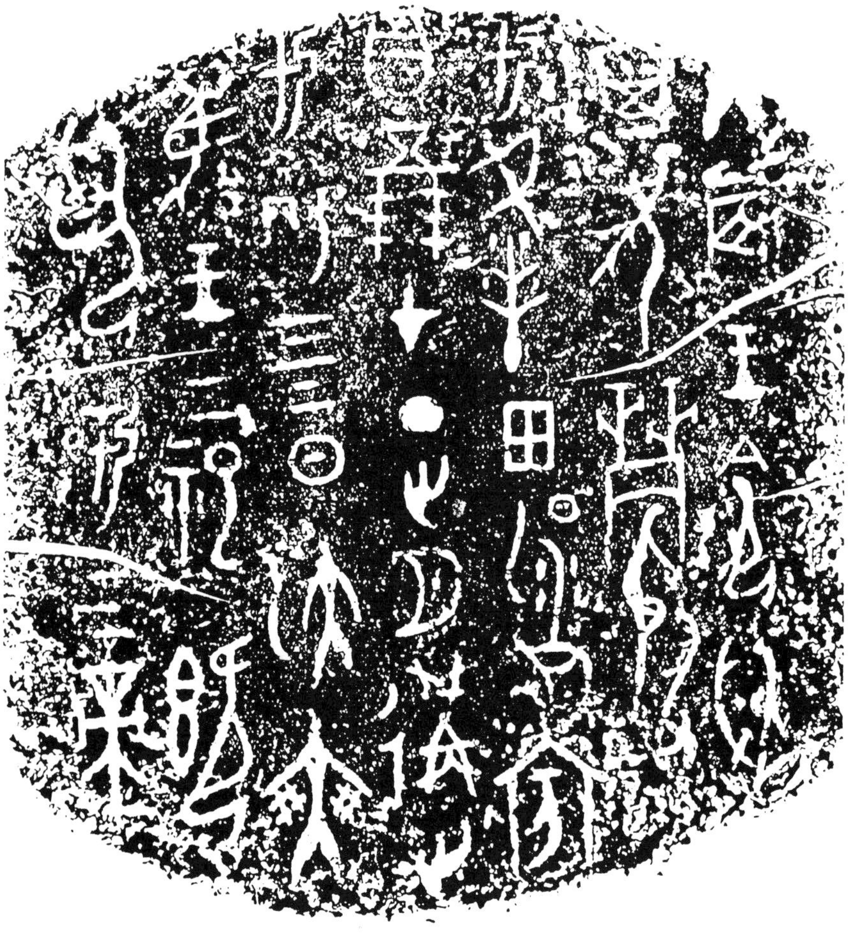

一二八　六祀邲其卣

商代晚期

通高二三·七厘米

傳河南安陽出土

故宮博物院藏

橢圓形，斂口，鼓腹，圈足，腹兩側有耳，連接提梁，有蓋，瓜形鈕。頸部前後有浮雕獸頭，蓋上、頸部和圈足均飾龍紋。器、蓋對銘，凡四行二八字。

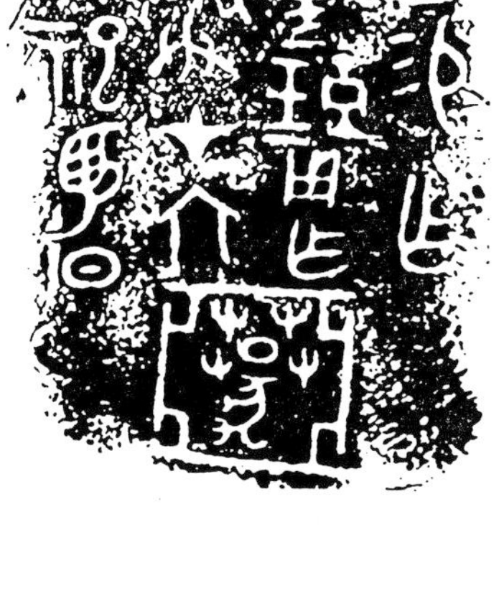

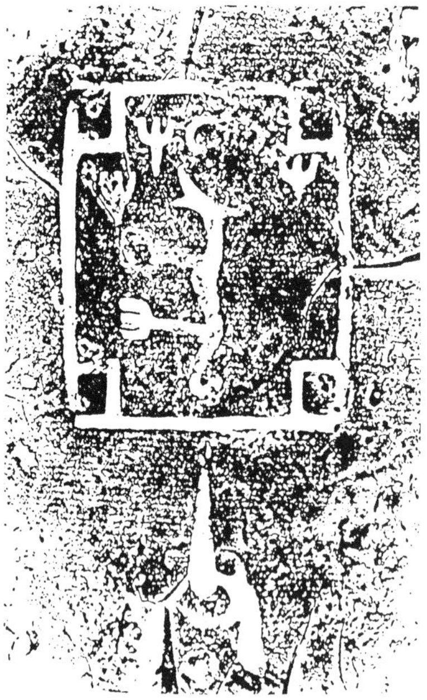
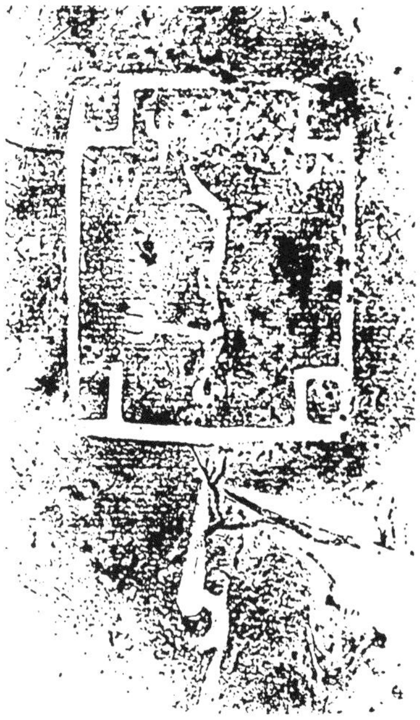

一二九、一三〇　四祀𠨘其卣

商代晚期
通高三四·五厘米
傳河南安陽出土
故宮博物院藏

圓壺形，長頸鼓腹，圈足，頸兩側有耳，連接提梁，提梁兩端作犀首狀，有蓋，圓形捉手。蓋面飾方格紋，頸飾一周獸面紋和聯珠紋。器、蓋對銘，各有四字，另在圈足外底有銘文八行。

一三一　鳶卣

商代晚期
通高三六·五厘米
傳河南安陽出土
美國弗利爾美術館藏

橢圓形，斂口，短頸，鼓腹，圈足，有蓋，菌形鈕，扁提梁，兩端有獸頭。自蓋至足有四條扉棱貫通，蓋面及腹部飾獸面紋，頸及圈足飾龍紋、鳥紋，提梁飾蟬紋。器內底有銘文一字。

本圖由美國弗利爾美術館供稿

一三二　獸面紋卣

商代晚期
通高三三厘米
傳河南安陽出土
美國舊金山亞洲藝術博物館藏

直筒形，短頸，深腹，圈足，有蓋，菌形鈕，扁提梁，兩端有獸頭。自蓋至足有四條扉棱，蓋面及腹部飾獸面紋，頸部及腹上部各有一周鳥紋，提梁飾蟬紋。

本圖由美國舊金山亞洲藝術博物館供稿

一三三　獸面紋方卣

商代晚期

通高三〇·三、口徑六·七、腹長一一·六、寬一〇·八厘米

一九三六年河南安陽小屯三三一號墓出土

台北中央研究院歷史語言研究所藏

口圓體方，長頸，圈足，扁提梁，兩端爲獸頭，中脊有扉棱，有蓋，鳥形鈕，虎形鏈連接蓋與提梁。頸部有四條扉棱，飾三角紋和獸面紋，肩部前後和四角有六個浮雕獸頭裝飾，方腹四角飾浮雕大獸面紋，圈足飾雲雷紋。

本圖由台北中央研究院歷史語言研究所供稿

一三四　亞矣方卣

商代晚期

通高三九·五厘米

傳河南安陽武官北地出土

日本白鶴美術館藏

圓口方體，長頸內凹，折肩，直腹，圈足。肩兩側有條形提梁，兩端有獸頭，中脊有扉棱。有蓋，鳥形鈕，有鏈，繫于提梁內側。頸飾獸面紋，肩飾鳥紋，腹飾六角獸面紋，圈足飾龍紋。器內有銘文二字。

本圖由日本白鶴美術館供稿

一三五　獸面紋方卣

商代晚期
通高二三・六厘米
傳河南安陽出土
日本白鶴美術館藏

方口，直頸，弧肩，直腹，圈足。肩兩側有條形提梁，兩端有獸頭。有蓋，四坡形，器、蓋四隅和四壁中央均有扉棱。通體飾獸面紋和鳥紋。

本圖由日本白鶴美術館供稿

一三六　鴞卣

商代晚期
通高一九、口長徑一一・五厘米
一九八〇年河南安陽大司空南五三九號墓出土
中國社會科學院考古研究所藏

器形作兩個相背而立的鴞形，有蓋，四坡形鈕。蓋面飾鴞首，尖喙，圓眼，器爲鴞身，雙翅外揚，胸前飾鱗紋，翅上飾鳥紋，器底有蟠龍紋。器口兩側有耳，繫綯形提梁。

一三七　鴞卣

商代晚期

通高二四・二、口長二一・五厘米

傳河南安陽出土

美國弗利爾美術館藏

器形爲兩鴞相背而立狀，敞口，鼓腹，四足內空，有蓋，四坡鈕。器兩側有獸頭鼻而提梁佚失。蓋面飾兩個相背的鴞首，器身飾兩個相背的鴞身，鴞的雙翅之上加飾鳥紋，器底飾蟠龍紋。

本圖由美國弗利爾美術館供稿

一三八　⿰幸支卣

商代晚期

通高一六・五厘米

傳河南安陽出土

英國劍橋大學菲茨威廉博物館藏

器形爲相背而立的一對鴞，蓋爲頭部，兩側有尖喙，器爲鴞身，四足有爪，提梁缺失。器內有銘文一字。

本圖由英國劍橋大學菲茨威廉博物館供稿

一三九、一四〇　婦好盉

商代晚期

通高三八・三、流長九・五厘米

一九七六年河南安陽小屯五號墓出土

中國社會科學院考古研究所藏

弧形頂，斜流，小口寬沿，束頸，下體如鬲，分襠款足，實心足跟，牛首空心鋬。頂面飾獸面紋，方形眼，刀眉小耳，以器口作獸面之口。獸面後端兩側各飾一倒立的龍紋，以雷紋爲地。頸飾斜角雲紋一周。腹部下連三足，分別飾以陰線大型獸面紋，塡以雷紋，獸口向下，目字形眼，細眉巨角，線條流暢。流口下有兩組小獸面紋，其下飾以三角形紋。鋬端的牛首作正面形，鋬下壁面有銘文二字。

一四一　中方盉

商代晚期

通高七一・二厘米

傳河南安陽武官北地一〇〇一號墓出土

日本根津美術館藏

方形，拱頂，一側有管狀流，另一側有口，長頸，四袋足，下有方柱形足跟，頸腹一側有獸形鋬，四隅及各壁中央均有扉棱。拱頂飾獸面紋，頸部飾龍紋、鳥紋及浮雕獸頭，袋足飾獸面紋。同形器有左、中、右三器。此器有銘文一字，爲三器之中者。

本圖由日本根津美術館供稿

一四二　左方盉

商代晚期

通高七三厘米

傳河南安陽武官北地一〇〇一號墓出土

日本根津美術館藏

器形、紋飾與上器基本相同。有銘文一字，爲三器之左者。

本圖由日本根津美術館供稿

一四三　右方盉

商代晚期

通高七二·一厘米

傳河南安陽武官北地一〇〇一號墓出土

日本根津美術館藏

器形、紋飾與上二器基本相同，而鋬作鈎喙鳥形。器有銘文一字，爲三器之右者。

本圖由日本根津美術館供稿

一四四　盉

商代晚期
通高二一・七、口徑四・八厘米
一九三六年河南安陽小屯三三一號墓出土
台北中央研究院歷史語言研究所藏

斂口，卵形腹，三柱足，腹一側有管狀流，另兩側有耳，可以繫繩提携，有蓋，菌鈕。鈕上有火紋，其他部位無紋飾。

本圖由台北中央研究院歷史語言研究所供稿

一四五　龍紋盉

商代晚期
通高二九・五、口徑五・五、足高六・五厘米
一九七六年河南安陽小屯五號墓出土
河南省博物館藏

器呈橢圓形，下大上小，器上有小口，口上有蓋，口下兩側各有一小環鈕與提梁兩端的蛇首相套合，腹上部有一筒狀流。通體飾以雲紋、龍紋、雷紋與三角紋。

（王　瑋）

一四六　馬永盉

商代晚期
通高二五・一厘米
傳河南安陽出土
中國歷史博物館藏

圓口，直頸，長腹，圈足，腹一側有管狀流，頸兩側繫綯形提梁，有蓋，菌鈕。蓋飾雷紋，頸飾龍紋，腹飾直條紋，圈足飾雲雷紋。有銘文二字。

一四七、一四八　人面龍紋盉

商代晚期
通高一八・五、口長一二、寬二〇・八厘米
傳河南安陽出土
美國弗利爾美術館藏

橢圓形，斂口，鼓腹，矮圈足，腹前有管狀流，兩側有獸頭貫耳。蓋作人面形，細眉圓眼，闊鼻大嘴，頭上有雙角，前額有皺紋，兩耳有穿孔，與貫耳對應。器身飾龍紋，接于人面蓋之下，龍身上有方格紋，龍的兩前足有爪，合抱于流管兩側，流管及其他空隙部位也都飾龍紋，圈足飾雲雷紋。

本圖由美國弗利爾美術館供稿

一四九　司母辛觥

商代晚期

通高三六·五、通長四七·四厘米

一九七六年河南安陽小屯五號墓出土

中國社會科學院考古研究所藏

獸鳥合體，作站立狀，造型別致。器身作扁長形，前窄後寬，寬長流，前端有一圓形流孔，流下有一條直通胸部的扉棱。底略外鼓，下有四足。前兩足獸形奇蹄，足外側飾龍紋，龍口向下。後兩足如鳥足，有四爪，足底有凹下的澆口，足飾羽毛紋。獸頭半圓形鋬。胸部兩側各飾一條陰線小龍；前足上部兩側各有一形體較大的倒立龍紋；腹後端分飾幷攏的雙翅和下垂的短尾，與兩鳥足合成一體。均以雷紋爲地。鋬下壁面有一陰線獸面紋，獸口向下。底內中部有銘文三字。

蓋前端爲一獸頭，大卷角。蓋面飾龍紋，龍的中脊突起作扉棱形，口向流端，身尾特長。在龍的右側飾一虎形紋，雙足前屈，長尾後垂；左側飾虎形紋和龍紋。蓋下周沿有子口，與器口相合。蓋內有銘文三字。

一五〇　獸面紋觥

商代晚期
通高一八·二、通長二二·八厘米
一九七六年河南安陽小屯五號墓出土
中國社會科學院考古研究所藏

腹呈扁圓形，短流，扁圓形矮圈足，底微外鼓，羊首半圓形鋬。圈足上端兩側各有一小孔，腹三面連同圈足三面及流下各有一條扉棱，鋬下方圈足上也有一條短棱。通體飾綺麗的花紋：口下一周雷紋；腹上部前後分飾龍紋，兩龍之間有一立鳥；腹部飾獸紋，獸口向下，兩側分列足和身尾，兩面紋飾雷同，均以雷紋爲地；圈足有一周目雷紋；鋬端的羊頭口向下，鋬面飾幾何形紋。

蓋前端的龍頭，張口露齒，大眼細眉，頭上有兩鈍角。蓋中部鑄一條作游動狀的虺，虺身拱起成蓋鈕，極巧妙。虺左側有一龍，頭向虺尾；右側的紋飾不清晰。均以雷紋爲地。蓋下周沿有子口，與器口相合。此觥造型新穎，紋飾精美。

一五一——一五三　婦好觥

商代晚期
通高二二、通長二八·四厘米
一九七六年河南安陽小屯五號墓出土
中國社會科學院考古研究所藏

體呈扁圓形，短流，扁圓形矮圈足，底部略外鼓，牛首半圓形鋬，流下有扉棱一條通向圈足，圈足後端也有一條短棱。底內中部有銘文二字。蓋的頭端爲一虎頭，張口露齒，雙耳豎起，形神俱備；後端爲一鴞頭，尖喙圓眼，豎耳。蓋面中部有一條較長扉棱，兩端分別與虎頭和鴞頭相連。扉棱兩側似飾龍紋。蓋、器相合後，從整體看，前端猶如一隻蹲坐狀的猛虎，虎的前肢抱頸，後肢作蹲狀，長尾上卷；後端爲一站立狀的鴟鴞，鴞的雙翅并攏，利爪着地。紋樣均以雷紋爲地。

一五四、一五五　眖觥

商代晚期

通高一九·二、圈足長徑九厘米

一九八七年河南安陽郭家莊西五三號墓出土

中國社會科學院考古研究所藏

由蓋身兩部分組成。蓋前端爲一鹿頭，後端有尾，素面，蓋內有銘文六字。器身長流，束頸，鼓腹，圈足，有鋬。通體素面。

一五六　象首獸面紋觥

商代晚期

通高一七·七厘米

傳一九三三年河南安陽大司空出土

日本白鶴美術館藏

前有高流，後有獸首鋬，深腹，圈足，有蓋，前視爲象首，象鼻上卷，後視爲鴞形，有鈎喙。蓋上飾獸面紋，口下飾龍紋，腹部飾獸面紋。

本圖由日本白鶴美術館供稿

一五七　獸面紋觥

商代晚期

通高一六・八、口長一九・二厘米

傳河南安陽出土

美國弗利爾美術館藏

前有高流，後有獸頭鋬，深腹，圈足，有蓋，前視爲聳角、張口的獸頭，後視爲鈎喙鴞狀。口下飾龍紋、象紋、鳥紋，腹飾獸面紋，蓋面中脊有扉棱，飾龍紋。

本圖由美國弗利爾美術館供稿

一五八、一五九　鴞紋觥

商代晚期

高二二・四、口長三三、寬一二・七厘米

傳河南安陽出土

美國紐約大都會藝術博物館藏

前有高流，後有獸頭鋬，深腹，圈足，失蓋。器正面飾鴞紋，鈎喙，圓眼，揚翅，垂尾，口下兩側飾龍紋，後腹鋬兩側飾虎紋。

本圖由美國紐約大都會藝術博物館供稿

一六〇　獸面紋觥

商代晚期
通高二二·八厘米
傳河南安陽出土
美國舊金山亞洲藝術博物館藏

前流後鋬，深腹，圈足，有獸形蓋。器身有三條扉棱，口下飾龍紋、象紋，腹飾獸面紋，圈足一周鳥紋，蓋前端爲獸頭，雙角，張口露齒，蓋後端飾獸面紋，兩側飾龍紋。

本圖由美國舊金山亞洲藝術博物館供稿

一六一　弦紋爐

商代晚期
通高二〇、口徑三七·二至三一·五厘米
一九九〇年河南安陽郭家莊西一六〇號墓出土
中國社會科學院考古研究所藏

口呈長方形，侈口，方唇，淺腹內收，平底，高圈足。足呈几形，足長邊中部下側各有一個三角形缺口。腹短邊兩側有一對獸面耳環，穿一綯形環狀把手。腹外部有凸弦紋兩周。足部有凸弦紋一周。

一六二　蛙魚紋斗

商代晚期
長二四·二、斗徑五·八厘米
一九三六年河南安陽小屯三三一號墓出土
台北中央研究院歷史語言研究所藏

斗身爲圓形圜底，柄爲扁平長條形，前端分叉與斗相接，中部呈圓形。斗身飾目斜雷紋，柄表面中部飾蛙紋，前後各有兩條相順的魚紋。

本圖由台北中央研究院歷史語言研究所供稿

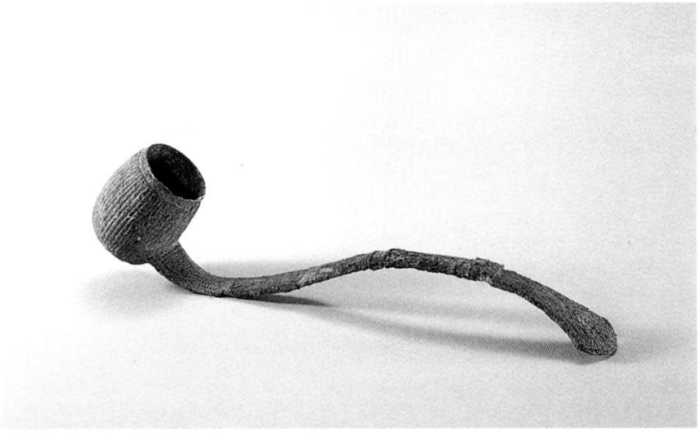

一六三　直棱紋斗

商代晚期
斗高六·二、柄長三一·五厘米
一九八〇年河南安陽大司空南五三九號墓出土
中國社會科學院考古研究所藏

斗身呈鼓形，中腹稍外鼓，斂口，平底。斗身通體飾豎條紋。斗柄在斗身一側下腹部，板狀，S形彎曲，柄尾呈扇面形。柄上紋飾分三段，兩頭飾蟬紋，中段爲豎線紋。

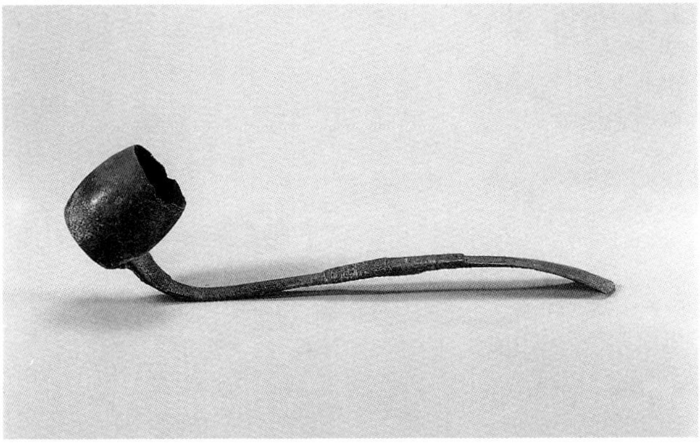

一六四　蟬紋斗

商代晚期

柄長二八·五、斗口徑四·五、高五·六厘米

一九六九年河南安陽孝民屯南九〇七號墓出土

中國社會科學院考古研究所藏

斗身呈桶形。柄爲扁平長條，作S狀，柄頭呈扇面形，柄上飾蟬紋和獸面紋。斗身素面。

一六五　爻斗

商代晚期

高六·八、長三八厘米

上海博物館藏

挹酒器。口微斂，圜底，長條曲柄。斗身飾直條溝紋，柄作長條溝紋。柄背面有銘文一字。

（周　亞）

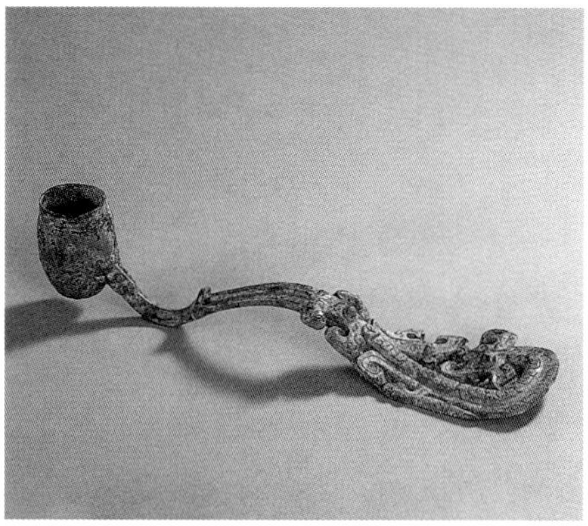

一六六　龍紋斗

商代晚期
長二四·三厘米
上海博物館藏

口微斂，底平，曲柄，後尾寬大，依形鏤鑄成兩頭龍紋。（周　亞）

一六七　婦好盤

商代晚期
通高一三、口徑三六·六厘米
一九七六年河南安陽小屯五號墓出土
中國社會科學院考古研究所藏

斂口，窄沿方唇，淺腹圜底，圈足高而直。圈足上端有長方形小孔，口下及圈足各有三條細棱。腹上部外壁飾龍紋三組，每組兩龍，頭相對，作游動狀。在龍身上下側，間飾圓形火紋。圈足飾龍紋三組，每組兩龍，頭相對，作回首狀。均以雷紋爲地。盤內底飾蟠龍紋一條，頭作正視形，口向下，下頜呈波折狀，雙目有神，頭上豎兩鈍角，身尾繞盤底一周，飾菱形紋和小三角形紋。龍角左上側有一變形小龍。在龍頭的左、右側分別有銘文二字。盤口下內壁飾花紋三組，每組虎、魚、鳥各一，頭尾相接，作追逐狀，別有情趣。

一六八、一六九　龍魚紋盤

商代晚期
通高一一·二、口徑三二·七厘米
一九七七年河南安陽小屯一八號墓出土
中國社會科學院考古研究所藏

斂口窄沿，腹上部較直，向下漸收斂，圜底，底中部較平，高圈足下部略外侈，圈足上端有三個小方孔。腹部飾帶狀目雷紋一周，上下兼飾弦紋，圈足飾獸面紋三組，細窄鼻梁，橢圓形雙目，身分兩歧，下體細長，尾上卷。盤內底飾龍紋，龍頭居盤底中部，作正視狀，頭上兩鈍角呈錘形，目字形大眼，圓眼珠突起，并顯示瞳孔，使雙目炯炯有神。龍體由頸部至尾端繞盤底兩周，體飾雲雷紋、菱形紋，兩側塡以雙線三角紋，背脊由頸至尾飾節狀紋，腹下飾聯珠紋。龍頭右上側有一大頭張口長尾的龍紋。盤內口下有一周游動狀的魚紋。

一七〇、一七一　魚紋盤

商代晚期
通高一九·四、口徑四六·三厘米
一九八三年河南安陽武官北地二五九號墓出土
中國社會科學院考古研究所藏

大口，寬沿，淺腹，高圈足，圈足上有孔。盆底有陰刻的圓形火紋及三條魚紋。外壁有一周紋帶，內飾龍紋，紋帶上下爲聯珠紋。圈足上飾獸面紋。

一七二　鼓寢盤

商代晚期

通高一一・五、口徑三三・二厘米

一九八〇年河南安陽大司空南五三九號墓出土

中國社會科學院考古研究所藏

敞口，淺腹，高圈足，圈足上有三鏤孔，腹部和圈足上都有由兩兩相對的由六條龍紋組成的獸面紋帶，中以扉棱爲鼻，雲雷紋爲地紋。盤底有銘文二字。

一七三　亞址盤

商代晚期

通高一五・八、口徑三八・八厘米

一九九〇年河南安陽郭家莊西一六〇號墓出土

中國社會科學院考古研究所藏

大口，方唇，淺盤，圜底，高圈足。外腹上部有紋帶一周，以三個獸頭分隔開，中飾鱗紋，鱗紋上下爲T字形紋。圈足有三組兩兩相對的龍紋，以扉棱爲鼻，雲雷紋爲地紋，龍紋上下爲T字形紋。盤底正中有銘文，亞字框內一字。

一七四、一七五　蟠龍紋盤

商代晚期

高一二·三、口徑三二·四厘米

傳河南安陽出土

美國弗利爾美術館藏

斂口，折沿，淺腹，圈足。器外壁飾一周龍紋，其下爲一周三角形紋，圈足上一周龍紋。盤內飾一蟠龍紋，龍首居中，龍身蟠曲，龍身上飾方格菱紋，盤沿飾三組動物紋，每組爲一魚、一龍、一鳥。

本圖由美國弗利爾美術館供稿

一七六　蟠龍紋盤

商代晚期

高一〇、口徑三一·二厘米

傳河南安陽出土

日本白鶴美術館藏

斂口，折沿，淺腹，圈足。盤內中央飾蟠龍紋，龍身有鱗紋，周圍有兩圈聯珠紋，盤內壁飾連續的魚紋、虎紋和鳥紋，盤沿上佇立六個圓雕的小鳥。

本圖由日本白鶴美術館供稿

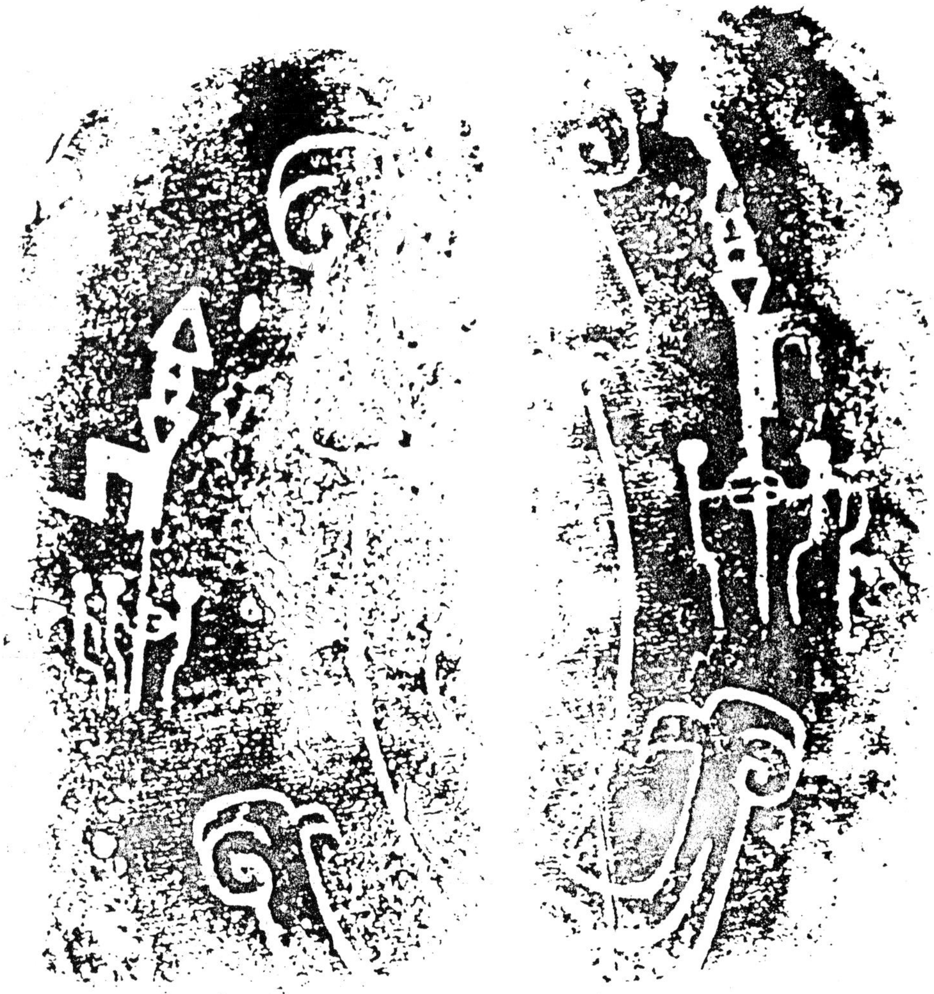

一七七　旅盤

商代晚期

口徑三三厘米

傳河南安陽出土

美國舊金山亞洲藝術博物館藏

敞口，折沿，沿上均勻地分飾六個小鳥，淺腹，圈足。器外壁飾目紋，圈足飾獸面紋，盤內中央飾龜紋，龜背上有圓圈紋，盤壁分飾三組動物紋，每組有一魚、一鳥和一虎。盤內龜紋旁有銘文一字。本圖由美國舊金山亞洲藝術博物館供稿

一七八　寢小室盂

商代晚期

通高四一・三、口徑四〇・二厘米

一九三五年河南安陽武官北地一四〇〇號墓出土

台北中央研究院歷史語言研究所藏

敞口，深腹，圈足，上腹兩側有一對附耳，有蓋，瓜形鈕。蓋上、頸部、圈足上各飾一周龍紋，腹部飾三角形變形龍紋。蓋內有銘文四字。

本圖由台北中央研究院歷史語言研究所供稿

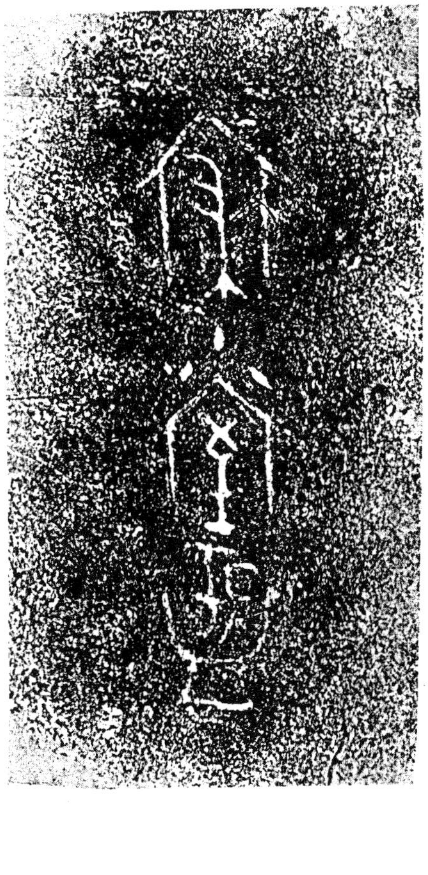

一七九　四龍中柱盂

商代晚期

高一五・七、口徑二五・七厘米

一九三五年河南安陽武官北地一〇〇五號墓出土

台北中央研究院歷史語言研究所藏

侈口，深腹，圈足，雙附耳。器內中央立一柱，柱頂爲花朵狀，柱上套一環，聯以四龍，可繞中柱旋轉。腹上飾一周目紋，圈足飾獸面紋。同墓所出共兩器。

本圖由台北中央研究院歷史語言研究所供稿

一八〇 共罐

商代晚期

通高一六、口徑一〇・八厘米

一九七三年河南安陽孝民屯南一五二號墓出土

中國社會科學院考古研究所藏

侈口，高頸，廣肩，收腹，小平底。肩上有兩耳，耳內穿綯形提梁。素面，肩部有三凸絃紋，口沿下內壁有一銘文。

一八一 箕形器

商代晚期

通長二七・三、器長一七・三厘米

一九八〇年河南安陽大司空南五三九號墓出土

中國社會科學院考古研究所藏

器身如箕，左、右、後各有擋板，後擋板中部安柄。柄中空，柄底面中部有一孔，用以釘插銷固定木柄。

一八二　亞偁姗編鐃

商代晚期

三件分別通高一八・六、一五・八、一三・九厘米

一九五三年河南安陽大司空南三一二號墓出土

中國歷史博物館藏

鐃身呈梯形，口沿呈弧形內凹，鐃頂平，有一柄，中空。鐃身正面有獸面紋。鐃身內壁有銘文三字。陽文。

一八三　亞址編鐃

商代晚期

大　通高二四・六、口徑一八・三厘米

中　通高二〇・六、口徑一五・二厘米

小　通高一七・二、口徑一二・一厘米

一九九〇年河南安陽郭家莊西一六〇號墓出土

中國社會科學院考古研究所藏

大中小三件，器形全同。體呈扁桶形，口呈弧形內凹，平頂，頂窄口寬。頂有管形柄，上粗下細。鐃的兩面飾獸面紋，紋飾高出體面。柄上端各有一中字銘文，鼓內壁亦有銘文，亞字框內二字。

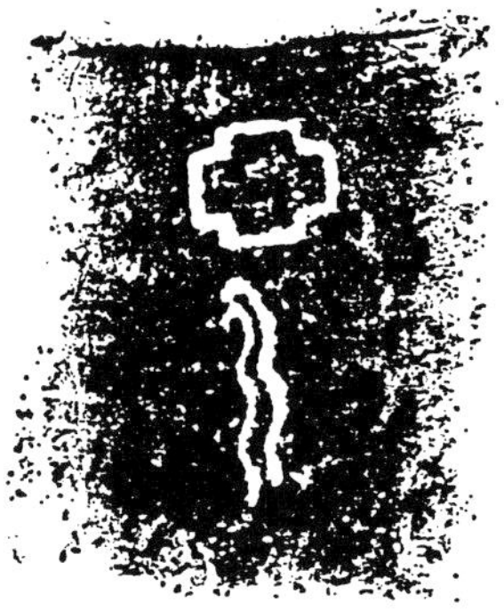

一八四　亞弜編鐃

商代晚期
最大一件通高一四·四、口長一〇·三、最小一件通高七·七、口長五·二厘米
一九七六年河南安陽小屯五號墓出土
中國社會科學院考古研究所藏

一編五件，其中兩件保存較好，口下內壁均有二字銘文；三件鏽蝕較重，未發現銘文。鐃的形制、紋飾基本相同，唯大小依次遞減。鐃體略呈扁桶形，口部內凹呈弧形，兩側稍內收，平頂。頂中部有管狀柄，柄中空，與體相通，柄內都有朽木，原當安有木柄。體柄兩側有鑄縫，應由兩塊外範和一塊內範鑄成。最大的一件體兩面均飾回字形凸弦紋，口下內壁有銘文二字；第二件鏽蝕較重，口小于第三件，但柄稍長；第三件體兩面亦飾回字形凸弦紋，口下內壁有銘文二字；第四件體一側有蓆紋殘跡，鏽蝕較重，第五件通體有綠鏽。

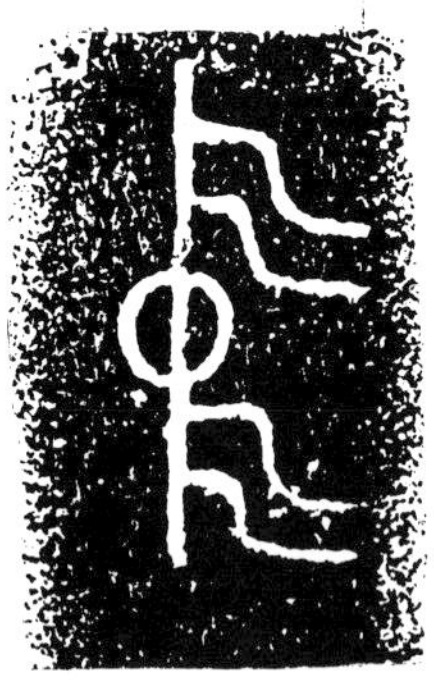

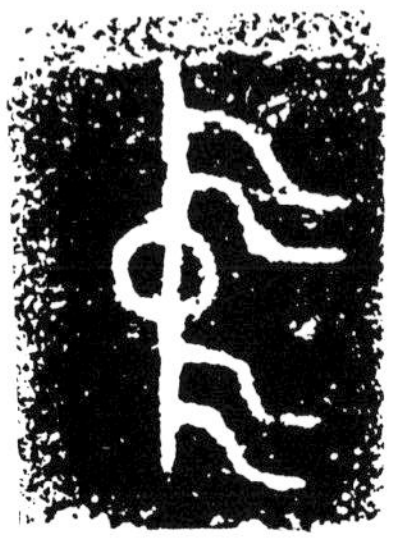

一八五　中編鐃

商代晚期
大　通高二一、最大口徑一五厘米
中　通高一八、最大口徑一二·三厘米
小　通高一四·三、最大口徑一〇厘米
一九七七年河南安陽孝民屯南六九九號墓出土
中國社會科學院考古研究所藏

共大中小三件。鐃身呈桶形，頂小口大。口沿呈弧形內凹，頂有柄，中空。鐃身兩面飾獸面紋。三器柄部都有一銘文。

一八六　鏟

商代晚期

通長二一・二、寬一一厘米

一九六〇年河南安陽苗圃北地出土

中國社會科學院考古研究所藏

鏟身呈長方形，四角漫圓，較薄。刃部有剝落痕跡。柄的平面呈長條形，上端有長方形銎，銎深一〇・四厘米。從形制與刃部有剝落痕跡考察，此鏟可能是實用器。

一八七　錛

商代晚期

通長九・七厘米

一九八〇年河南安陽大司空南五三九號墓出土

中國社會科學院考古研究所藏

錛身呈長方形，一面平，一面鼓。頂有長方形銎。弧形刃，刃角外侈。錛身正面有凸線十字形紋。

一八八　婦好鉞

商代晚期

通長三九・五、刃寬三七・三厘米

一九七六年河南安陽小屯五號墓出土

中國社會科學院考古研究所藏

形似斧，弧形刃，兩側內收，有對稱的小槽六對，平肩，長方形內，肩下有對稱的長方形穿。鉞身兩面靠穿處均飾虎食人首紋，人首居于兩虎口之間，作正面狀，圓臉尖頷，以簡練線條勾勒出五官，虎作側面狀，大口對准人頭，作欲吞噬狀。在兩虎的背後分飾一條倒立的小龍。均以雷紋爲地。鉞身中部一面有銘文二字。

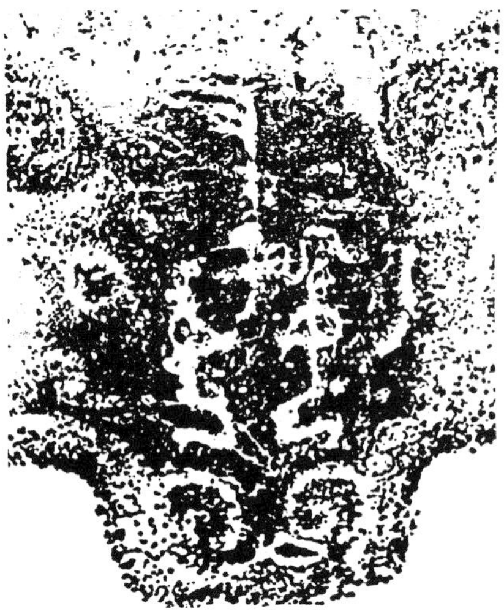

一八九　婦好龍紋鉞

商代晚期

通長三九・三、刃寬三八・五厘米

一九七六年河南安陽小屯五號墓出土

中國社會科學院考古研究所藏

鉞身略呈斧形，弧刃較寬，兩角微翹，兩側略內收。平肩，長方形內，位于肩的中部。肩部有對稱的長方形穿，肩下兩側各有小槽六個，肩下兩面均飾一頭兩身的龍紋。龍口向刃部，長臉，圓眼，張口，嘴角外撇，頭上長一對瓶形大角，面部兩側鑄出身尾，拱身長尾，短足前屈。以雷紋爲地，主紋浮于地紋之上。龍紋之下飾有九個小三角形紋。龍的面部有銘文二字，但僅一面有銘。

一九〇　獸面紋鉞

商代晚期

通長二二·四、刃寬一六·八厘米

一九八〇年河南安陽大司空南五三九號墓出土

中國社會科學院考古研究所藏

扁平斧形，頂有方形內，稍偏一側，內上有一小孔。弧刃，刃角外侈。肩部有二長方形穿。鉞身及內後端皆有獸面紋。

一九一　三角火紋鉞

商代晚期

通長二四·七、刃寬一六·二厘米

一九八三年河南安陽大司空南六六三號墓出土

中國社會科學院考古研究所藏

扁平斧形。平肩，弧刃。長方形內略偏一側，內部紋飾已磨損，上飾綠松石，內下部有一圓穿。鉞身上部飾三火紋，鑲有小塊綠松石，下飾三角紋。

（徐廣德）

一九二 獸面紋鉞

商代晚期
通高二三、刃寬一五厘米
一九九〇年河南安陽郭家莊西一六〇號墓出土
中國社會科學院考古研究所藏

體呈扁平斧形，弧刃，刃角外侈。長梯形內，內上有一小圓孔。鉞身肩部有二長方形穿。內上端飾獸面紋，鉞身上部飾三個四瓣目紋，其下爲內塡卷雲紋的三角形紋。

一九三 三角雲紋鉞

商代晚期
通高三三·二、刃寬二八厘米
一九九〇年河南安陽郭家莊西一六〇號墓出土
中國社會科學院考古研究所藏

呈扁平斧形。平肩，弧形刃，刃角外侈，長方形內。肩上有兩長方形凹槽，鉞身兩側有T字形凹槽五對。鉞身上部飾三個圓圈紋，內有乳釘六個，圓圈紋間爲幾何雲紋。圓圈紋下爲三個三角形紋，內塡卷雲紋及T字紋。

一九四　三角雲紋鉞

商代晚期

通高一九・三、刃寬一六・六厘米

一九八四年河南安陽孝民屯南一七一三號墓出土

中國社會科學院考古研究所藏

扁平斧形，長方形內，寬短，弧形刃，刃角外侈。肩部有二長方形穿。鉞身正面近肩處兩面皆有三個銅泡凸飾，下爲陰線倒三角紋，內有雲紋及三角紋。

一九五　獸面紋鉞

商代晚期

高三五、寬三七・八厘米

傳河南安陽出土

德國科隆東亞藝術博物館藏

器呈梯形，長方形內，有肩，弧邊闊刃，兩側肩上有一對長條形穿孔。器上部飾透雕獸面紋和龍紋。

本圖由德國科隆東亞藝術博物館供稿

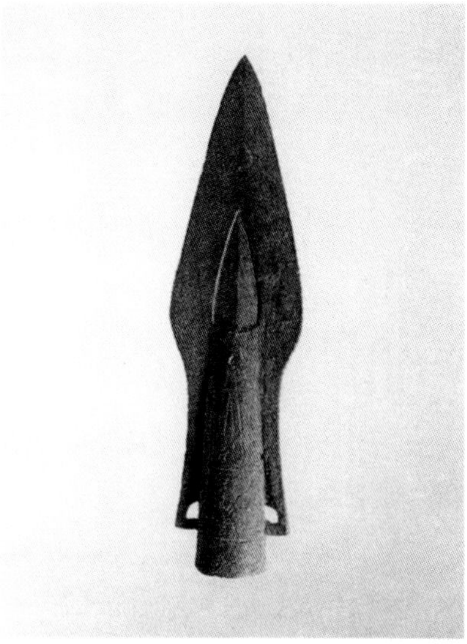

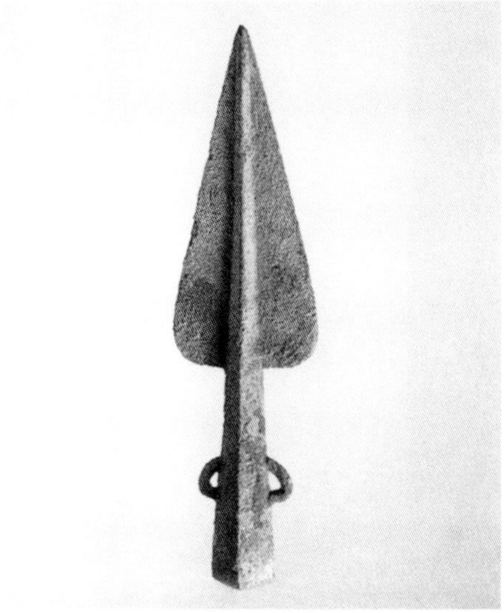

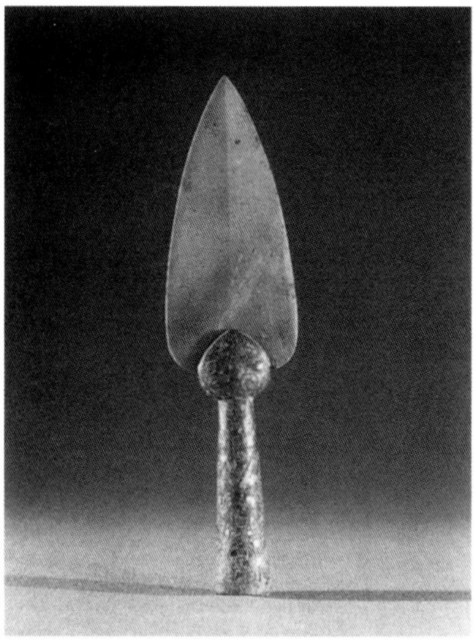

一九六　矛

商代晚期
長二五厘米
一九六九年河南安陽孝民屯南九一七號墓出土
中國社會科學院考古研究所藏

矛葉呈亞腰形，葉尖呈三角形，葉底有二孔。筒口呈橄欖形，筒身有三角雲雷紋及獸面紋。

一九七　矛

商代晚期
長二六·六厘米
一九七六年河南安陽孝民屯南七二九號墓出土
中國社會科學院考古研究所藏

矛葉呈等腰三角形，圓角，中脊突起。長筒，筒兩側有半圓形環。筒口呈菱形。

一九八　鑲嵌蛇紋銅骹玉矛

商代晚期
通長二一、柄長一二厘米
一九八六年河南安陽大司空南二五號墓出土
中國社會科學院考古研究所藏

由玉矛頭和青銅柄構成。矛頭呈淡綠色，有線狀褐色玉斑。三角形，有中脊，前鋒較尖，邊鋒不銳。銅柄作蛇形，張口，矛頭的後緣嵌入蛇口內，深約一·五厘米。柄上細下粗，後端有深銎，銎內有朽木痕跡。柄兩面均飾蛇形紋，三角形頭，兩眼凸起，身長而扭曲，尾外卷，并鑲以綠松石。蛇紋之後，有一簡化獸面紋，亦鑲以綠松石。松石片排列勻稱，工藝極佳。柄兩側有對稱的範線。

此種玉、銅複合式矛，不宜實戰，可能作儀仗之用。此矛工藝精細，保存完好，是不可多得的藝術珍品。

一九九　刀

商代晚期
通長三一、頭寬一一・八、底寬八・五厘米
一九八四年河南安陽孝民屯南一七一三號墓出土
中國社會科學院考古研究所藏

形似後世之卷頭刀，刀背上有三套筒，用以安柄。刀身中部兩面各飾四條龍紋，近背處飾一〇個乳釘。

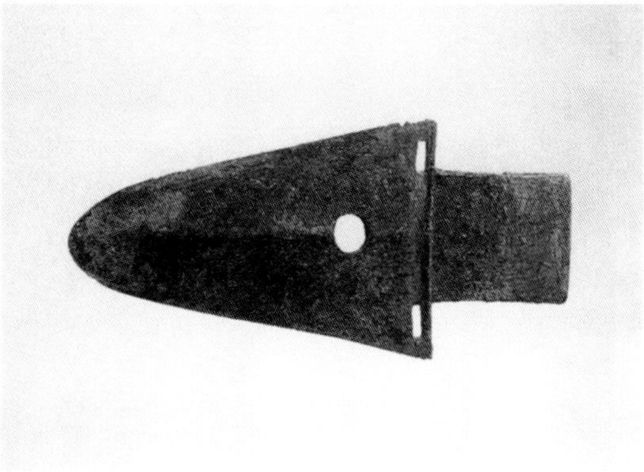

二〇〇　三角援戈

商代晚期
長二〇・五厘米
一九七五年河南安陽孝民屯南三五五號墓出土
中國社會科學院考古研究所藏

三角形援，長方形內，援後部有一圓孔，截面呈菱形，後端有兩個長方形穿。

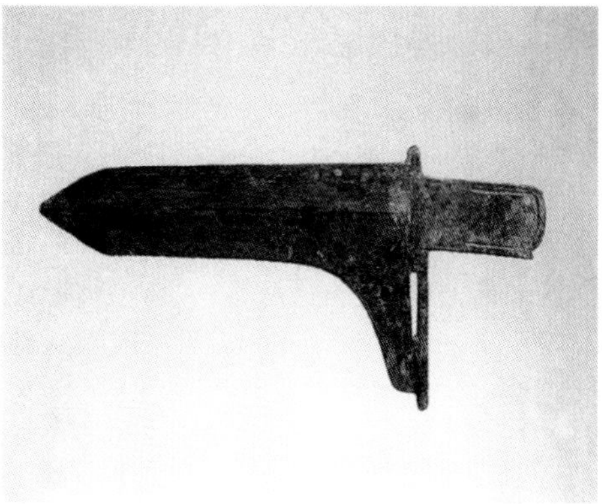

二〇一　直內戈

商代晚期
長二五・五厘米
一九七〇年河南安陽孝民屯南一〇五二號墓出土
中國社會科學院考古研究所藏

短胡直內戈。長條形援，援末呈圭首形，援中脊呈菱形，有上下闌。短胡，上有一長方形穿。長方形內，內末端有刺。

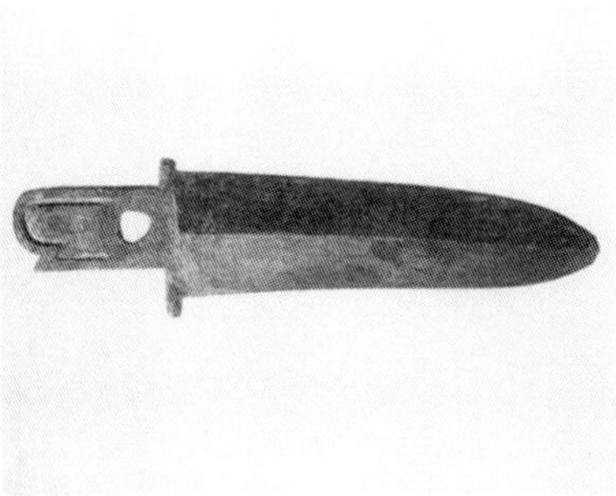

二〇二　直內戈

商代晚期
長二三·四厘米
一九七五年河南安陽孝民屯南六九二號墓出土
中國社會科學院考古研究所藏

直內，長援，援末呈圭首形，有上下闌。內末端有刺，內前部有一三角形孔。

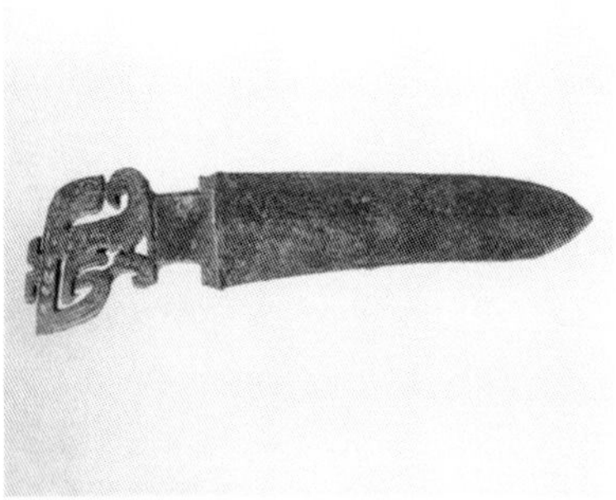

二〇三　鳥形曲內戈

商代晚期
長二九·二厘米
一九七五年河南安陽孝民屯南六一三號墓出土
中國社會科學院考古研究所藏

長援，援末呈圭首形，援截面呈菱形，有上下闌。曲內，內爲鏤孔鳥首形，鳥首有冠。

二〇四　銎內戈

商代晚期
長二三·八厘米
一九六九年河南安陽孝民屯南九二八號墓出土
中國社會科學院考古研究所藏

銎式戈，體厚重，長援，中脊呈三棱形。長方形內，內後端有獸面紋，銎孔呈橄欖形。

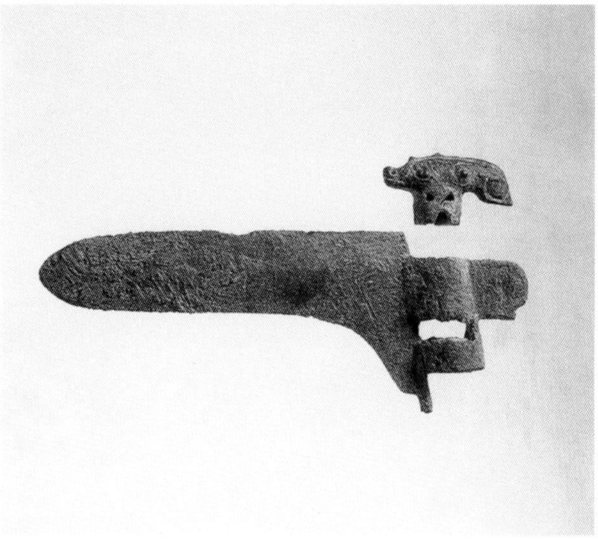

二〇五　銎內戈

商代晚期
通長二二·一厘米
一九五九年河南安陽高樓莊後岡圓形祭祀坑出土
中國社會科學院考古研究所藏

援部呈長條形，中脊突起，前鋒較尖，短胡，有上下闌，內前段有橢圓形銎，銎兩面各有一長方形孔。銎上有龠，龠作怪獸形，尖嘴長尾，圓眼大角，腹部各有兩個圓孔。下部有缺口三，前一，兩側各一。安柲時，龠套于柲的頂端，起裝飾作用。

二〇六　鑲嵌龍紋銅柲玉戈

商代晚期
長三五·四厘米
傳河南安陽出土
美國弗利爾美術館藏

玉戈直刃弧背，表面刻獸面紋，背上有扉棱。銅柄上有龠，下有鐏，表面用綠松石鑲嵌出獸面紋、龍紋、蕉葉紋等紋飾。

二〇七　馬頭弓形器

商代晚期
通長三一、高五·三厘米
一九七六年河南安陽小屯五號墓出土
中國社會科學院考古研究所藏

弓身呈扁長形，中部較寬，向上拱起，兩端連有弧形的臂，臂端呈馬頭形。弓身面部飾蟬紋四個，每側各二，鑲以綠松石片。在蟬紋之上，有四條作站立狀的龍，每側兩條，龍頭相對，張口圓眼，拱身卷尾，眼、身均鑲以綠松石。

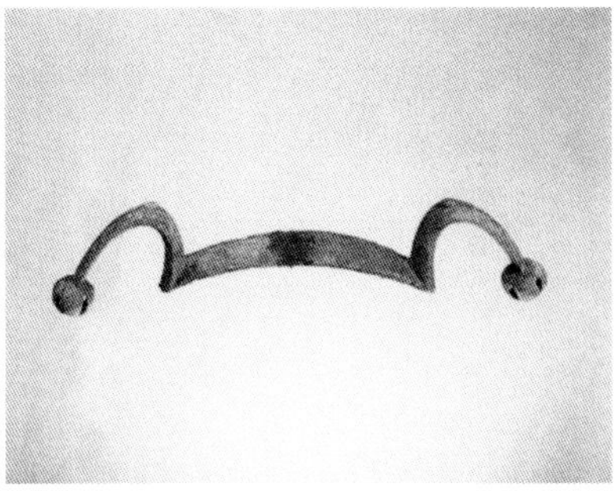

二〇八　蟬紋弓形器

商代晚期
通長三三、高七厘米
一九八三年河南安陽大司空南六六三號墓出土
中國社會科學院考古研究所藏

弓身呈扁平板形，中部較寬，上拱。板兩端連有弓形臂，臂端各有一鏤孔鈴，其中一鈴內尚有一小銅丸。弓中部飾蟬紋，兩側爲三角紋。（徐廣德）

二〇九　八角星紋弓形器

商代晚期
通長三三·九、高九·八厘米
一九九〇年河南安陽郭家莊西一六〇號墓出土
中國社會科學院考古研究所藏

弓身似一長條板，較寬，呈弧形。弓身兩端有弧形臂，臂端爲鏤孔鈴。弓身中部有圓形凸泡，其外爲八角形星。

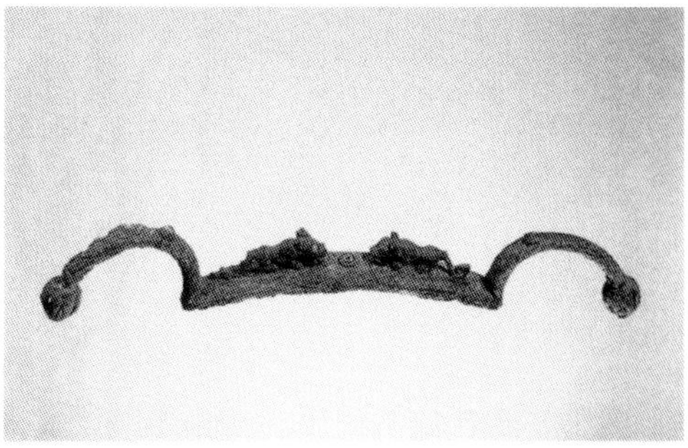

二一〇、二一一　雙虎弓形器

商代晚期
長三九厘米
一九八九年河南安陽劉家莊北二一七號墓出土
中國社會科學院考古研究所藏

弓背呈弧形，在其兩端有兩弧形彎臂，臂端爲二花蕾形鈴，鈴鏤孔，內有小銅珠。弓背兩側有斜線三角形紋，背上有一對立虎，虎的眼珠爲綠松石。臂上有三角形紋，并有一粒綠松石飾。

二一二、二一三　人面獸紋弓形器

商代晚期
長三四·五厘米
上海博物館藏

器兩端有鈴，弓面正中有一半球形乳突，其上原似有鑲嵌物。乳突的前後各有一個獸面紋，其兩側各飾頭上有曲折角的人面獸紋。（周　亞）

二一四　人面具

商代晚期
通高二五·四厘米
一九三五年河南安陽武官北地一四〇〇號墓出土
台北中央研究院歷史語言研究所藏

器作人面形，細眉，小眼，直鼻，闊嘴，大耳，頭頂上有一半環鈕。

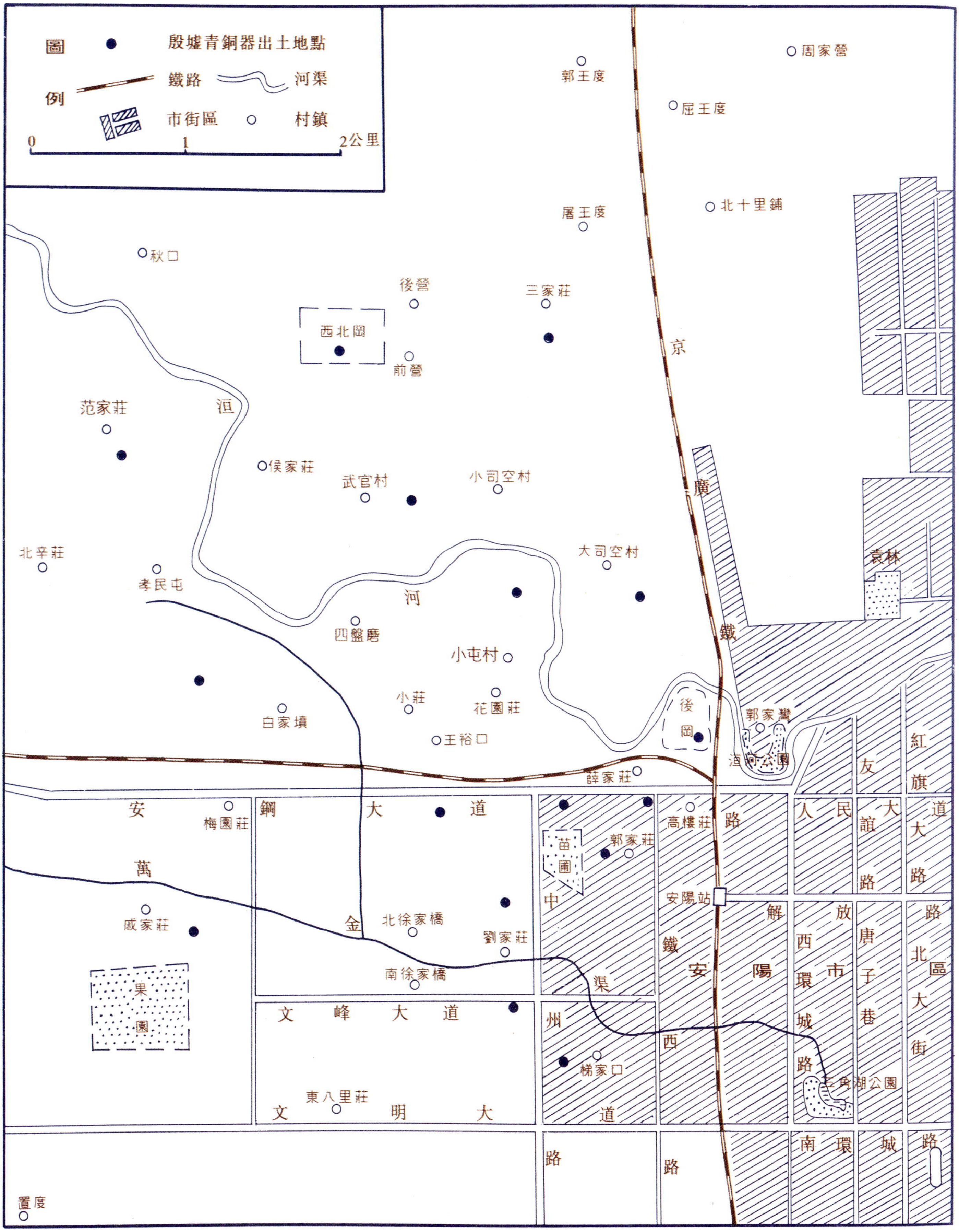

圖例
殷墟青銅器出土地點
鐵路
河渠
市街區
村鎮
0
1
2公里
郭王度
周家營
屈王度
屠王度
北十里鋪
秋口
後營
三家莊
西北岡
前營
京廣鐵
范家莊
洹河
侯家莊
武官村
小司空村
北辛莊
孝民屯
大司空村
袁林
四盤磨
小屯村
小莊
花園莊
白家墳
後岡
郭家灣
王裕口
洹河公園
薛家莊
紅旗
友誼路
安鋼大道
梅園莊
高樓莊
人民大道
大路
苗圃
郭家莊
萬金渠
中州路
安陽站
解放路
戚家莊
北徐家橋
劉家莊
鐵西路
西環城路
安陽
市
唐子巷
北大街
南徐家橋
果園
文峰大道
梯家口
三角湖公園
東八里莊
文明大道
南環城路
置度

殷墟青銅器分布圖

本書編輯拍攝工作，承蒙以下各單位
予以協助和支持，謹此致謝。

中國社會科學院考古研究所
中國歷史博物館
故宮博物院
河南省文物考古研究所
河南省博物館
河南省安陽市博物館
河南省新鄉市博物館
台北中央研究院歷史語言研究所
美國弗利爾美術館
美國舊金山亞洲藝術博物館
美國賽克勒美術館
美國紐約大都會藝術博物館
美國芝加哥藝術館
美國聖路易藝術博物館
美國波士頓美術博物館
美國波特蘭藝術博物館
日本白鶴美術館
日本根津美術館
日本泉屋博物館
德國科隆東亞藝術博物館
英國劍橋大學菲茨威廉博物館
英國牛津大學阿什莫利恩博物館
瑞典國立藝術博物館
法國吉美亞洲藝術博物館
所有給予支持的單位和人士

責任編輯　段書安
封面設計　仇德虎
攝　　影　姜言忠
　　　　　劉小放
　　　　　王蔚波
圖版說明　楊錫璋
　　　　　張長壽
　　　　　陳志達
　　　　　鄭振香
繪　　圖　魏淑敏
　　　　　李　淼
　　　　　劉凱軍
　　　　　韓慧君
　　　　　劉小貞
責任印製　王少華
責任校對　周蘭英

圖書在版編目（CIP）數據

中國青銅器全集. 3，商. 3／《中國青銅器全集》編輯委員會編. —北京：文物出版社，1997.9 (2017.5 重印)
(中國青銅器全集)
ISBN 978－7－5010－0934－3

Ⅰ.①中… Ⅱ.①中… Ⅲ.①青銅器（考古）－中國－商代－圖集 Ⅳ.①K876.412

中國版本圖書館 CIP 數據核字（2012）第 081536 號

中國美術分類全集

中國青銅器全集

第3卷 商 3

中國青銅器全集編輯委員會編

出版發行者 文物出版社
(北京東直門內北小街二號樓)
http: // www.wenwu.com
E-mail: web@wenwu.com

責任編輯 段書安
再版編輯 徐 旸
製版者 蛇口以琳彩印製版有限公司
印刷者 文物出版社印刷廠
裝訂者 北京鵬潤偉業印刷有限公司
經銷者 新華書店

一九九七年九月第一版
二〇一七年五月第四次印刷
書號 ISBN 978－7－5010－0934－3
國內版定價 三五〇圓